문화콘텐츠 교육학

정창권(鄭昌權) myjin55@hanmail.net

고려대학교를 졸업하고 동대학원 국어국문학과에서 박사학위를 받았다. 현재 고려대학교 인문대학 교양교직 교수로 재직하며, 문화콘텐츠, 스토리텔링, 1인 창조기업, 인문학 관련 저술 작업에 몰두하고 있다.

저자는 문화콘텐츠 개발을 위한 원천소스, 곧 이야기 창작을 주로 하고 있다. 특히 전통시대 여성이나 장애인, 기타 하층민 등 사회적 약자층의 삶을 현대적으로 재조명해서 널리 알리는 작업을 하고 있다.

저자의 『꽃으로 피기보다 새가 되어 날아가리』는 김만덕 드라마 시나리오 공모전에 당선되었고, 다큐멘터리와 점자도서로 제작되어 나왔으며, 현재 드라마와 학습만화로 제작 중에 있다. 『세상에 버릴 사람은 아무도 없다』는 KBS 제3라디오 〈사랑의 책방〉과 EBS 〈라디오 기획특강〉에서 연속 방송되었고, 『향랑, 산유화로 지다』는 EBS TV 〈책, 내게로 오다〉에서 방영되었다. 『홀로 벼슬하며 그대를 생각하노라』는 한국간행물윤리위원회, 서울시 중·고교 추천도서로 선정되었고, 현재 드라마로 개발 중에 있다.

저자는 21세기 성장 동력인 문화콘텐츠의 학문적 정립에도 많은 노력을 기울여서, 『문화콘텐츠학 강의』(깊이 이해하기), 『문화콘텐츠학 강의』(쉽게 개발하기) 등의 저서를 출간하였고, 「문화콘텐츠학, 어떻게 연구하고 가르칠 것인가」, 「고전의 현대적 수용」, 「한미 FTA와 문화산업」 등의 논문을 제출하기도 했다.

기타 실제 현장에도 계속 참여해서 방송, 영화, 축제, 디지털콘텐츠 등 각종의 문화콘텐츠를 기획·개발·제작하고 있다.

문화콘텐츠 교육학

2009년 12월 5일 초판 1쇄 발행 ┃ 2010년 9월 30일 초판 2쇄 발행

지은이 정창권 ┃ 펴낸이 이찬규 ┃ 펴낸곳 북코리아 ┃ 등록번호 제03-01240호
주소 121-801 서울시 마포구 공덕동 115-13번지 ┃ 전화 02-704-7840 ┃ 팩스 02-704-7848
이메일 sunhaksa@korea.com ┃ 홈페이지 www.북코리아.com
ISBN 978-89-6324-048-0 (93300) ┃ 값 13,000원

문화콘텐츠 교육학

정창권 지음

북코리아

이제 문화콘텐츠는 선망의 대상이 되었다. 문화콘텐츠는 중요한 산업의 일부가 되었고, 국내뿐 아니라 전 세계적으로도 하나의 화두가 되고 있다. 공무원이나 기업가, 회사원, 교사, 학생, 심지어 건축가와 농민들도 콘텐츠나 스토리텔링을 자연스럽게 말하면서, 문화콘텐츠야말로 앞으로 우리나라가 살길이라고 주장하고 있다.

그와 더불어 문화콘텐츠에 대한 학문적 시선 또한 호의적으로 변하게 되었다. 문화콘텐츠학과의 설립 초기만 해도 순수학문 연구자로부터 '뜬구름 잡는 학문'이라는 신랄한 비난의 대상이 되었지만, 이젠 점점 무형의 가치를 추구하는, 즉 21세기 시대적 흐름과 함께 하는 학문이라고 평가받고 있다.

하지만 정작 문제는 문화콘텐츠 내부적으로는 변하지 않고 있다는 점이다. 그것을 바라보는 사회적 시각은 변하고 있는데, 문화콘텐츠학과의 수준은 설립 초기인 2004~2005년과 크게 달라지지 않고 있다.

이는 근본적으로 많은 문화콘텐츠학과들이 훌륭한 교수진과 체계적인 커리큘럼, 그를 뒷받침할 교재 등 충분한 준비과정을 거치지 않은 채, 그저 학생 유치 등 대학의 현실 극복을 위한 방편으로 기존 학과에 옷만 살짝 갈아입었기 때문일 것이다. 특히 초창기엔 산업 현장의 사람들이 문화콘텐츠 교육자로 대거 기용되었는데, 그 결과 상대적으로 문화콘텐츠에 대한 이론적 연구가 뒷받침되지 않아 하나의 온전한 학문으로 정립되지 못하고 있다.

한편, 21세기 디지털 기술의 발달로 다매체 다채널 시대가 도래하면서, 날이 갈수록 그것들을 채워줄 내용물인 콘텐츠(contents)의 중요성이 부각되고 있다. 게다가 방송과 통신, 인터넷의 융합, 곧 디지털 컨버전스(digital convertgence) 시대가 되면서 콘텐츠의 중요성은 더욱 커져가고 있다. 실제로 최근 문화콘텐츠의 가장 큰 화두는 어떻게 하면 좋은 콘텐츠를 개발할 것인지, 그 구체적인 방법론 모색에 관심이 모아지고 있다.

그럼에도 지금까지 콘텐츠 개발을 위한 교육적 측면의 연구는 거의 전무하다시피한 실정이다. 따지고 보면 우리나라도 영국이나 일본 등 문화강국들 못지않게 문학과 역사, 기타 전통문화 등 원천 소스를 많이 갖고 있다. 하지만 그것들을 활용해서 좋은 콘텐츠로 개발하는 능력은 매우 뒤쳐져 있는 형편이다.

이 책은 궁극적으로 문화콘텐츠 교육학, 특히 그와 같은 인문학에 기반한 콘텐츠 개발 방법론을 터득하기 위해 마련한 것이다. 본디 인문학과 문화콘텐츠는 떼려야 뗄 수 없는 깊은 연관성을 가지고 있다. 주지하다시피 문학과 역사, 철학 등 인문학에는 콘텐츠로 가공할 만한 소스들이 대단히 많다. 예를 들어 드라마 〈대장금〉이나 〈불멸의 이순신〉, 〈주몽〉, 〈선덕여왕〉 등과 같이 역사의 한 장면을 토대로 제대로 된 콘텐츠를 만든다면, 1,000억 대를 넘어서는 어마어마한 부가가치를 창출할 수 있을 것이다. 그러므로 지금 우리에겐 인문학과 문화콘텐츠를 연결시킬 수 있는 교육학적 연구성과들이 다른 무엇보다 필요한 실정이다.

뿐만 아니라 이 책은 이론과 실제, 현장이 조화를 이루도록 구성하였다. 모든 교과목은 우선 문화콘텐츠에 대한 기본 지식들을 습득하는 것으로부터 시작된다. 그런 다음 매번 수업을 1부 이해편, 2부 실습편으로 나누어, 해당 교과목에 대한 이론과 실습을 병행하도록 하였다. 또한 그 과목의 말미에 강의계획서를 도표로 제시함으로써, 전체 내용을 한눈에 파악할 수 있을 뿐 아니라 누구든지 쉽게 이용할 수 있도록 하였다. 그러므로 이 책은 문화콘텐츠에 관심 있는 사람이라면 누구나 편하게 접근할 수 있을 듯하다.

요즘 세계 각국들은 문화콘텐츠를 21세기 주력산업으로 선정하고, 그에 대한 지원과 연구를 계속하고 있다. 특히 미국이나 일본, 영국 등 주요 선진국은 자기 나라의 특성에 맞는 매체나 분야를 활성화해서 문화콘텐츠 강국으로 자리잡아 가고 있다.

물론 우리 정부도 1990년대 말 2000년대 초반엔 세계 최초로 '문화콘텐츠(culture contents)'란 용어를 사용하며, 각종 대중매체를 통합적으로 관리, 육성코자 하였다. 21세기 디지털 시대의 문화산업에 대한 변화상을 미리 예측하고 발 빠르게 대응한 것이다. 그에 따라 각 대학들도 문화콘텐츠 관련 강좌를 개설하거나 학과(部) 및 대학원을 대거 신설하였다. 하지만 이후 문화콘텐츠에 대한 사회적 관심에 비해 깊이 있는 연구가 이루어지지 않고, 또 정치·제도적 변화마저 겹쳐서, 그로부터 10년도 채 지나지 않아 혼란과 침체기를 겪고 있다.

가령 흐르는 물에 배를 띄워 놓았다고 치자. 그럼 부지런히 노를 젓지 않으면, 배는 뒤로 밀려나기 마련이다. 그리고 시간이 흐를수록 가속도마저 붙어서 점점 빨리 뒤로 밀려날 것이다. 그래서 나중엔 돌이킬 수 없는 상황에 처해질 것이다. 게다가 문화나 예술은 하루아침에 이룰 수 있는 것이 아니잖는가. 21세기 문화전쟁 시대를 살아가는 우리들은, 이 점을 결코 잊어서는 안 될 것이다.

2009. 12.

태정(泰井) 정창권

4장 ›› 문화콘텐츠 교과교육론

5장 ›› 문화콘텐츠 교육방법론

6장 ›› 에필로그

1장
들어가며

문화콘텐츠는 기존의 풍부한 인문학적 지식의 바탕 위에 21세기 디지털 신기술이 만나 이루어진 것이라고 해도 과언이 아니다. 그럼에도 불구하고 인문학 기반의 문화콘텐츠 교과교육론에 대해서 아직까지도 거의 이루어지지 않고 있다. 그래서 우리나라엔 창의적이고 전문성을 갖춘 문화콘텐츠 기획자 및 개발자들이 상대적으로 부족한 실정이다.

1. 문화콘텐츠 교육학 연구가 시급하다

문화콘텐츠는 창의적 아이디어만 있으면 적은 비용을 투입하고도 높은 이익이 기대되는 고부가가치 산업이다. 대체로 제조업에 비해 순익률이 최고 20배에 달하는 것으로 알려져 있다. 게다가 문화콘텐츠는 환경오염이 거의 없는 무공해 산업이요, 덩달아 국가 이미지도 한층 높일 수 있는 대단히 매력적인 산업이다. 그래서 너나없이 문화콘텐츠를 미래의 핵심산업으로 꼽고 있으며, 특히 젊은층일수록 그에 대한 관심이 매우 높은 편이다.

실례로 필자는 2004년 1학기부터 학부와 대학원에서 문화콘텐츠 관련 교양 및 전공 과목들을 줄곧 강의해왔는데, 매학기 의외로 많은 학생들이 수강했을 뿐 아니라, 좀더 다양하고 세부적인 과목들을 개설해주기를 희망하였다. 그들은 정말 인생에서 자기가 할 일을 비로소 찾은 것처럼 즐겁고도 열성적으로 수업에 참여하였다.

특히 학생들은 앞으로 문화콘텐츠가 우리나라의 핵심산업으로 부각될 것이며, 장기적으로 무한한 발전 가능성이 있을 것이란 사실을 거의 본능적으로 알고 있었다. 그래서 장차 문화콘텐츠의 기획·개발·제작·판매 등의 분야에 직접적으로 진출하거나, 그렇지 않으면 문화콘텐츠 관련 지식들을 체계적으로 배워 자신들의 전공 분야에서 다양하게 활용코자 하였다.

이같은 열기에 따라 대학들도 발 빠르게 문화콘텐츠 관련 학과들을 신설하고 있는데, 그야말로 우후죽순처럼 만들고 있다고 해도 과언이 아니다. 1990년대 말 이후로 일부 대학들이 문화콘텐츠 관련 학과를 신설하더니, 2000년대 이후 그 숫자가 급격히 늘어났다. 그들은 문화콘텐츠의 독립 학과나 연계전공을 신설하고, 인문학과 예술학, 공학 등의 기존 학과를 문화콘텐츠 관련 학과로 변신시키기도 하였다.

하지만 이러한 양적인 증가에도 불구하고 문화콘텐츠 교육의 방향성과 체계성의 결여, 교육 운영에서의 일관성 부족, 교육 내용과 방법의 빈약 등의 이유로, 그 배출된 인력들의 질적 수준은 큰 차이를 보이고 있다.

특히 기존 학과를 새로 변신시킨 경우, 문화콘텐츠 교과목이라고 할 만한 것은 별로 없는 채, 기존의 것들에다 일부 문화와 관련된 것들을 몇 가지 집어넣어 가르치는 수준에 그치고 있다. 또한 신설된 문화콘텐츠 학과의 경우에도 기획이나 개발, 비즈니스를 앞세워 지나치게 광범위한 내용을 다루거나, 단순히 제작 과정에만 치중한 교육을 실시하는 등, 문화콘텐츠 학과만의 독자적인 커리큘럼을 마련하지 못하고 있다. 그래서 현재 문화콘텐츠 교육학에 대한 연구가 다른 무엇보다 시급한 실정이다.

2. 선행연구사 검토

문화콘텐츠에는 출판과 만화, 방송, 영화, 애니메이션, 게임, 캐릭터, 공연, 음반, 전시, 축제, 여행, 테마파크, 디지털콘텐츠, 에듀테인먼트, 모바일 등 매우 다양한 분야가 존재한다. 또한 일반적으로 문화콘텐츠는 기획 → 개발 → 제작 → 판매 등 복잡한 과정을 거쳐 세상에 출현하곤 한다. 그래서 문화콘텐츠학은 인문이나 사회, 예술, 경영, 법, 공학 등 다양한 학문 분야의 참여에 의해 이루어지고 있다.

그 중에서도 특히 문학이나 역사, 철학 등 인문학은 각종 문화콘텐츠의 토대이자 원천소스, 곧 기획·개발과정인 창의적 아이디어와 스토리텔링을 담당하는 매우 중요한 분야이다. 따지고 보면 문화콘텐츠는 기존의 풍부한 인문학적 지식의 바탕 위에 21세기 디지털 신기술이 만나 이루어진 것이라고 해도 과언이 아니다. 그래서인지 최근 인문학은 장차 지식과 문화 산업을 선도해갈

한국콘텐츠진흥원 KOREA CREATIVE CONTENT AGENCY

그림 1.1
한국콘텐츠진흥원의 CI
출처: 한국콘텐츠진흥원

학문으로 새롭게 부각되고 있다.

그럼에도 불구하고 인문학 기반의 문화콘텐츠 교과교육론에 관한 연구는 아직까지도 거의 이루어지지 않고 있다. 한국 문화콘텐츠 업계는 여전히 멀티유즈, 곧 제작과 판매 단계에만 관심이 있지, 정작 중요한 기획과 개발 단계에 대해선 매우 소홀히 하고 있다. 마찬가지 문화콘텐츠 관련 대학들도 제작과 판매 위주로만 가르치고 기획과 개발단계에 대해선 등한시하고 있다.

그 결과 우리나라는 기획과 개발 분야의 전문인력이 상대적으로 부족한 실정이다. 실제로 한국문화콘텐츠진흥원이 문화콘텐츠 산업 CEO들을 대상으로 실시한 설문조사에 따르면, 문화콘텐츠 산업 현장에서 필요한 대학의 교과목으로 기획(4.37)을 가장 중요하게 꼽았고, 다음으로 마케팅(4.29), 스토리텔링(4.10), 제작기술(4.10), 문화산업의 이해(4.09) 등의 순서였다. 그만큼 한국 문화콘텐츠에서 기획 및 개발 분야의 능력이 취약하다는 것이다.

이는 지금까지 이루어진 인문학 기반의 문화콘텐츠 교육학에 관한 연구성과를 간략히 살펴보아도 금방 확인할 수 있다.

우선 신광철은 전국 대학의 문화콘텐츠학과에 대한 현황조사와 커리큘럼(curriculum)을 분석하였다. 참고로 현재 우리나라의 문화콘텐츠학과는 대학 33개, 대학원 7개로 파악되고 있다. 그리하여 이들 문화콘텐츠학과의 커리큘럼이 산업 현장과의 연계성이 부족하고, 커리큘럼의 적합성 및 실천가능성에 대한 검증이 필요하며, 또 커리큘럼에 상응하는 구체적이고 실질적인 교재가 나와야 하고, 대학과 대학원과의 연계구조에 대한 체계적인 탐구와 적용이 이루어져야 한다고 보았다.

그에 비해 김교빈은 문화콘텐츠 대학원 교육의 현황과 문제점에 대해 분석하였다. 이를 통해 그는 우리나라의 문화콘텐츠 대학원 교과과정이 기술이나 마케팅, 행정 등이 중심을 이루고 있고, 인문학은 배제되어 있다고 하였다. 하지만 문화콘텐츠에서 가장 중요한 것은 문화적 능력이므로, 문학이나 역사, 철학, 동서양 고전들을 많이 알고, 그것을 현대적으로 응용할 수 있는 능력을 키워주어야 한다고 보았다.

다음으로 김기덕은 전통적인 인문학, 특히 역사학 관련 학과에서 새로 개설할 만한 문화콘텐츠 교과목을 논의하였다. 근래 역사학 관련 학과들은 기존 학과를 그대로 유지하거나 아예 학과 명칭을 달리하며, 혹은 연계전공을 설치하여 응용학문인 문화콘텐츠 교과목들을 보완하고 있다. 이에 따라 논자는 역사학에서 새로 개설할 만한 문화콘텐츠 교과목으로 문화유산 및 문화재, 지방사, 현지조사 방법, 역사기록, 영상역사학, 정보화, 분류사, 인물사, 문화원형, 발상의 전환 등을 제시하고 있다.

또한 박기수는 스토리텔링을 중심으로 문화콘텐츠학과의 현황과 전망을 살펴보았다. 그에 의하면 지금까지 문화콘텐츠 스토리텔링론은 해석 중심의 연구와 저술이 대부분인데, 그것들은 문화콘텐츠 생산에 직접적인 도움이 되지 않을 뿐만 아니라, 결과적으로 텍스트를 지나치게 계몽적이고 교조적인 차원에서 머물게 한다는 한계를 드러냈다고 한다. 그러면서 향후 문화콘텐츠에 대한 논의는 해석이나 당위가 아니라 실천적이며 생산적이어야 한다고 강조하였다.

필자도 역시 계속해서 문화콘텐츠 교육학에 대해 관심을 보여왔다. 예컨대 「문화콘텐츠학, 어떻게 연구하고 가르칠 것인가」란 논문에서는, 먼저 문화콘텐츠의 개념과 범주, 각 분야별 동향을 파악한 뒤, 문화콘텐츠는 과연 어떻게 개발되는지 살펴보았다. 또한 문화콘텐츠학 교과목과 교육방법에 대해서도 개괄적으로 검토하였다. 그리고 『문화콘텐츠학 강의』(쉽게 개발하기)란 저서에서는 문화콘텐츠학의 개념과 특성, 교과과정과 교육방법, 진로와 전망 등 문화콘텐츠 교육학에 대해 좀더 상세하게 논의하였다. 특히 필자는 여기에서 문화콘텐츠학의 필수적인 커리큘럼을 기초공통과 전공과정으로 각각 나누어 다양하게 제시하였다.

한편, 인문학 가운데 국문학 분야에서도 문화콘텐츠와의 접목을 위한 교육방법에 대해 지속적으로 연구해오고 있다. 특히 이들은 자신의 수업경험담을 토대로 매우 진솔하면서도 구체적으로 논의하고 있는데, 대표적으로 신선희, 강명혜, 신동흔 등을 예로 들 수 있다.

먼저 신선희는 고전문학을 웹뮤지엄, 게임 등 디지털스토리텔링과 연계한 수업경험담을 제시하고 있다. 그는 특히 이러한 수업을 1단계 : 정보의 수집과 체계화 → 2단계 : 컨텍스트에 따른 스토리텔링 개발 → 3단계 : 웹 뮤지엄과 웹 사이트 구축 등의 순서로 진행했다고 한다.

이에 비해 강명혜는 좀더 자세한 수업모형을 제시하고 있다. 그는 우선 특정 작품을 선정하여 표면적 주제와 이면적 주제를 파악하는 등 '대상의 이해'부터 실시하였다. 그런 다음 조별 수업을 통해 아이디어를 내거나 시놉시스를 작성하고, 나아가서는 다양한 매체를 위한 스토리텔링을 실시하였다. 끝으로 이것을 프리젠테이션 형식으로 발표하는 수업을 진행했다고 한다.

마지막으로 신동흔의 경우, 우선 21세기 국문학과는 전공과 실제의 삶이 연계되어야 한다고 전제하면서, 고전문학과 문화콘텐츠에 대한 수업모형의 하나로 2006년 2학기에 실시한 '신화의 콘텐츠화' 수업을 사례로 제시하였다. 그 강의는 크게 4단계에 걸쳐 진행되었는데, 1단계 : 한국 신화의 집중 탐구

→ 2단계 : 선행콘텐츠 분석 → 3단계 : 콘텐츠 기획 → 4단계 : 기획안 발표 등의 순서로 이루어졌다. 이러한 수업방식을 통해 그는 학생들의 공감과 의욕을 이끌어내고, 전공과목과 콘텐츠 기획의 상생효과를 얻을 수 있었다고 한다.

이처럼 지금까지 인문학 기반의 문화콘텐츠 교육학 연구는 그것들의 현황 파악과 커리큘럼 조사, 대략적인 교과목과 교육방법 제시, 국문학과 문화콘텐츠의 접목방안 등 기초적이고 단편적인 수준에 머물러 있을 뿐이다. 그러므로 본고에서는 이상의 선행연구와 필자의 강의경험 및 연구성과를 토대로 문화콘텐츠 교육학, 특히 인문학 기반의 문화콘텐츠 교과교육론에 대해 종합적이고 심도 있게 살펴보고자 한다. 그리하여 향후 창의적이고 전문성을 갖춘 문화콘텐츠 기획·개발 부분의 인력양성에 조금이나마 기여하고자 한다.

더 나아가 본고는 위기에 처한 한국 교육계의 나아갈 길에 대해서도 함께 고민해보고자 한다. 요즘 우리나라 교육계는 창의성과 문제해결능력 부족, 학교교육과 사회현실과의 괴리, 선진국과의 교육격차 심화 등 여러 가지 심각한 문제들을 안고 있다. 이 책에서는 비록 부족하지만 그에 대한 구체적이고 실질적인 대안들을 함께 모색해보고자 한다.

2장
이론적 배경

문화콘텐츠는 2001년 한국문화콘텐츠진흥원이 출범하면서 본격적으로 사용되기 시작했다. 대개 문화콘텐츠(culture contents)란 문화적 요소를 함유한 대중매체 혹은 문화상품을 말하고, 콘텐츠(contents)란 그러한 각종 대중매체에 담긴 내용물을 일컫는다. 문화콘텐츠의 가장 큰 특징은 하나의 제대로 된 소스(콘텐츠)를 기반으로 다양하게 활용하여 고부가가치를 올리는 원 소스 멀티유즈(one source multi use)를 들 수 있다.

그와 함께 최근 문화콘텐츠가 발달하면서 스토리텔링이 부각되고 있는데, 스토리텔링(storytelling)이란, '이야기를 매체의 특성에 맞게 표현하는 것'으로, 콘텐츠의 전체적인 방향성뿐만 아니라 구체적인 내용 전개까지도 결정짓는 아주 중요한 도구이다. 대개 전문가들은 21세기엔 스토리텔링, 곧 이야기산업의 시대가 될 것으로 전망하고 있다.

1. 한국 문화콘텐츠 역사

한국 사회에서 문화콘텐츠 산업에 대해 본격적인 관심을 갖기 시작한 것은 1990년대 후반이 아니었던가 한다. 1998년 국민의 정부가 들어서며 IMF를 극복하기 위한 방편의 하나로 초고속통신망을 집중적으로 보급하면서, 인터넷이 새로운 콘텐츠의 유통채널로 등장하여 한국 문화콘텐츠 산업을 크게 성장시키는 하나의 기폭제가 되었다. 또한 김대중 정부는 1999년 문화산업진흥기본법을 제정하고, 2001년 한국문화콘텐츠진흥원(KOCCA)을 출범시키는 등 문화콘텐츠 산업을 발전시키기 위해 지속적으로 노력하였다. 게다가 2000년대 이후 국제화 시대와 한류 열풍으로 문화콘텐츠 산업에 대한 국민들의 관심은 더욱 커져만 갔다. 그리하여 2002년 한국문화콘텐츠진흥원이 출범하면서 '문화콘텐츠'라는 용어가 우리나라에서 처음으로 사용되고, 2004~2005년에는 전국적으로 문화콘텐츠 관련 학과들이 우후죽순처럼 신설되기도 하였다.

하지만 그로부터 불과 10년이 채 지나지 않은 2008년에 이르러, 그러한 한국의 문화콘텐츠가 급격히 시들해져가기 시작했다. 단적인 예로 학계의 동향만 보더라도, 날이 갈수록 문화콘텐츠 관련 연구 성과들이 지지부진해지고, 여기저기서 분주하게 열리던 문화콘텐츠 관련 학술대회도 점점 뜸해져갔다.

이러한 현상은 2008년 새로운 정부가 들어서고, 또 한국문화콘텐츠진흥원의 '문화원형 디지털콘텐츠화 사업'이 1차적으로 마무리되면서 두드러지게 나타났다. 한국문화콘텐츠진흥원은 지난 2002~2006년까지 5년간 550여 억원을 투입하여 문화원형 디지털콘텐츠화 사업을 벌였다. 이에 발맞추어 인문콘텐츠학회 등 새로운 학회들이 창립되어 활발한 연구활동을 펼쳤다. 하지만 그 사업이 1차적으로 종료되자, 그와 관련된 연구나 학회 활동도 덩달아 주춤거리거나 어디로 가야할 지 방향성을 설정하지 못하고 있다. 나아가 이전에

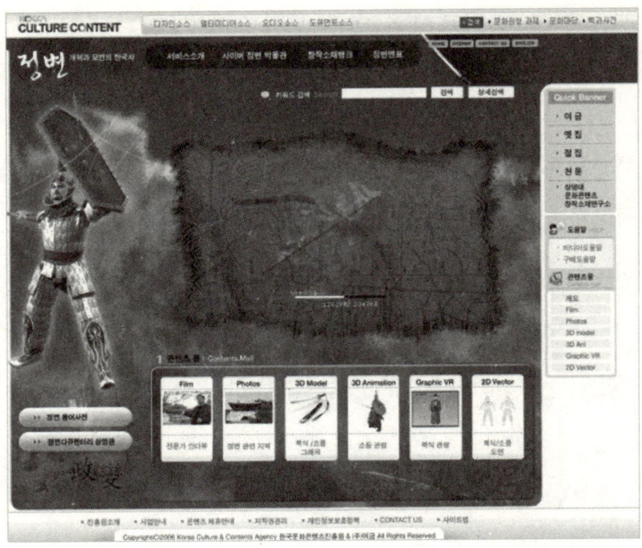

**그림 2.1
문화원형 디지털콘텐츠 사업**
출처 : 문화콘텐츠닷컴

조금씩 문화콘텐츠에 관심을 보이던 연구자들도 어느새 회의감을 내비치며 하나둘씩 과거 자신의 학문 분야로 되돌아가고 있다.

그런데 필자는 최근 한국 문화콘텐츠의 상황을 꼭 침체기로만 보지는 않는다. 그보다는 오히려 한국 문화콘텐츠가 더욱 다양해지고 전문화되기 위한 일시적인 '숨고르기'가 아닐까 한다. 특히 우리는 2008년 무렵부터 본격적으로 일어나기 시작한 스토리텔링의 바람에 대해 주목할 필요가 있다.

최근 들어 우리나라에서도 스토리텔링(storytelling)이 한창 뜨고 있다. 21세기 디지털 시대의 도래로 다양한 매체가 등장하고 그것의 내용물인 콘텐츠가 부족해지면서, 스토리텔링이 새롭게 주목받고 있는 것이다. 뒤에서 보겠지만 문화콘텐츠의 본질은 콘텐츠 생산에 있고, 콘텐츠 개발의 핵심에는 '매체에 맞는 이야기하기'인 스토리텔링이 자리 잡고 있다. 게다가 스토리텔링은 과거엔 문예학에만 국한되었지만, 어느 새 정치, 경제, 사회, 문화, 교육 등의 전 분야에 걸쳐 사용되고 있다.

이같은 동향에 따라 필자는 본격적인 논의에 들어가기에 앞서, 필자의 이전 저서들인 『문화콘텐츠학 강의(깊이 이해하기)』, 『문화콘텐츠학 강의(쉽게 개발하기)』, 『문화콘텐츠 스토리텔링』 등에 힘입어 문화콘텐츠 및 스토리텔링에 대해 차례대로 살펴보면서, 문화콘텐츠 교육학의 이론적 배경으로 삼고자 한다.

2. 21세기는 문화콘텐츠 산업의 시대다

21세기는 문화콘텐츠 산업의 시대이다. 이젠 문화의 시대로, 문화와 관련된 산업들이 경쟁력을 갖게 된 것이다.

한데, 문화콘텐츠라는 용어는 이제 막 생겨났기 때문에 아직까지도 개념 정립이 제대로 이루어지지 않은 상태이다. 게다가 문화라는 것 자체가 워낙 포괄적이고, 또 문화콘텐츠는 모든 매체들을 종합적으로 다루고 있기 때문에, 그러한 개념 정립이 쉽지 않은 형편이다.

대개 문화콘텐츠(culture contents)는 한국이 만든 신조어로, 문화적 요소를 함유한 대중매체 혹은 문화상품을 말한다. 문화콘텐츠는 특히 창의력과 기술력이 체화되어 고부가가치를 창출하는 상품이다. 또한 콘텐츠(contents)는 그러한 각종 대중매체에 담긴 내용물, 곧 작품들을 말한다.

문화콘텐츠의 범위는 대단히 넓은데 출판과 만화, 방송, 영화, 애니메이션, 게임, 캐릭터, 공연, 음반, 전시, 축제, 여행, 테마파크, 디지털콘텐츠, 에듀테인먼트, 인터넷콘텐츠, 모바일 등 다양한 장르를 포괄하고 있다. 또 디지털 기술이 발달함에 따라 앞으로도 계속 새로운 매체들이 생겨날 것이다. 참고로 이들 문화콘텐츠의 장르별 시장규모를 도표로 제시하면 다음과 같다.

표 2.1 문화콘텐츠 장르별 시장규모(2007년 기준)

장 르	매출액(백만원)	시장 점유율(%)	2006년 대비 증감률(%)
출 판	21,595,539	36.8	8.6
만 화	761,686	1.3	4.3
음 악	2,357,705	4.0	△1.8
게 임	5,143,600	8.8	△30.9
영 화	3,204,570	5.5	△13.0
애니메이션	311,166	0.5	7.8
방 송	10,534,374	18.0	8.4
광 고	9,434,625	16.1	3.5
캐릭터	5,115,639	8.7	12.4
에듀테인먼트	155,861	0.3	32.1
합 계	58,614,765	100.0	1.2

출처 : 문화부, 〈문화산업통계(2008)〉

 또한 문화콘텐츠의 가장 큰 특징은 하나의 제대로 된 소스(콘텐츠)를 기반으로 다양하게 활용하여 고부가가치를 올리는 이른바 '원소스 멀티유즈(One Source Multi Use)'를 들 수 있다. 대표적으로 〈해리포터〉의 경우, 2002년까지만 해도 전 세계에 2억 3천만 부가 팔려나갔고, 영화나 게임, 캐릭터 상품으로 재창조되며 20억 달러(한화 2조 6천억)에 달하는 천문학적인 고부가가치를 올린 것으로 유명하다.

 나아가 문화콘텐츠는 다른 어떤 분야보다 문화적, 경제적 파급효과가 큰 산업이다. 이미 한류열풍에서 보았듯이, 우리의 문화콘텐츠가 해외로 수출되면, 그들은 우리의 문화자체에도 관심을 기울이게 되고, 우리나라에 대해 좋은 이미지를 갖게 되며, 캐릭터 상품은 물론 의류, 자동차, 가전제품 등 우리나라의 제품을 갖고 싶어 하는 경향이 있다.

이러한 특성으로 인해 세계 각국들은 문화콘텐츠를 21세기 주력산업으로 선정하고 그에 대한 지원과 투자를 계속하고 있다. 특히 미국이나 일본, 영국 등 주요 선진국은 제조업에선 더 이상 경쟁력을 갖기 어렵다는 사실을 간파하고, 일찌감치 문화콘텐츠 산업에 뛰어들어 실질적인 성과를 거두고 있는 상태이다.

실제로 세계는 지금 제조업 기반 경제에서 지식 기반 경제로, 다시 콘텐츠 기반 경제로 빠르게 재편되고 있다. 즉, 눈에 보이는 유형(有形)의 산업시대에서 눈에 보이지 않는 무형(無形)의 산업시대로 나아가고 있는 것이다.

우선 미국은 문화콘텐츠 산업을 군수산업과 더불어 국가의 2대 주력산업으로 육성하고 있다. 미국은 특히 영화, 애니메이션, 뮤지컬, 음반, 캐릭터 등 대중적인 엔터테인먼트(entertainment) 분야에서 맹활약을 펼치고 있다.

일본도 세계 2위의 문화콘텐츠 산업 강국을 유지하기 위해 총리실 산하에 '지적재산본부'를 설치하고 집중적으로 지원하고 있다. 일본의 경우 만화, 애니메이션, 게임 분야에서 세계 최강의 경쟁력을 보유하고 있다.

영국은 문화콘텐츠 산업을 창조산업으로 규정하고 국가의 전략산업으로 육성하고 있다. 특히 영국은 문화콘텐츠 산업을 '크리에이티브(creative) 산업'이라고 명명하면서, 디자인과 스토리텔링 등 창의적 산업에 역점을 두고 있다.

중국은 아직까지 문화콘텐츠 강국은 아니다. 하지만 방대한 문화유산과 인적자원을 바탕으로 머잖아 세계 문화콘텐츠 산업의 강국으로 떠오를 것이다. 실제로 지금도 중국이 우리나라보다 문화콘텐츠 산업의 규모면에서 훨씬 앞서 나가고 있다.

한국 역시 앞에서처럼 1999년 문화산업진흥기본법을 제정하고 2001년 한국문화콘텐츠진흥원을 출범시켰을 뿐 아니라, 2009년 5월에는 한국방송영상산업진흥원과 한국문화콘텐츠진흥원, 한국게임산업진흥원 등을 통합하여 '한국콘텐츠진흥원'을 출범시켰다. 그러면서 2012년까지 글로벌 콘텐츠(global contents) 빅5의 진입을 목표로 설정하고, 특히 핵심인재를 집중적으로 육성하겠다고 선언했다. 그럼에도 불구하고 다음의 도표에서 볼 수 있듯이 한국 문화콘텐츠 산업의 글로벌 경쟁력은 2008년 기준 2.4%로 세계 9위에 불과하다.

표 2.2 한국 문화콘텐츠 산업의 글로벌 경쟁력 [단위: 억불(%)]

순 위	국 가	시장규모	순 위	국 가	시장규모
1위	미 국	6,122(40.1)	6위	프랑스	643(4.2)
2위	일 본	1,161(7.6)	7위	이탈리아	430(3.0)
3위	영 국	1,013(6.6)	8위	캐나다	378(2.5)
4위	중 국	955(6.3)	**9위**	**한 국**	**368(2.4)**
5위	독 일	882(5.8)	10위	스페인	323(2.1)

출처 : PWC(2008)

　　물론 우리는 문화콘텐츠 산업의 이면상에 대해서도 함께 알아둘 필요가 있다. 문화콘텐츠도 예술분야와 마찬가지로 오로지 최고만이 살아남는 냉정한 세계이고, 제대로 된 작품을 만들기 위해선 짧게는 5년, 길게는 10년이라는 오랜 시간과 인내가 필요하며, 또 성공률이 10분의 1～2에 불과할 정도로 대단히 모험산업이라는 것이다.

　　하지만 문화콘텐츠는 제조업에 비해 최고 20배에 달하는 고부가가치 산업이자, 미래의 핵심산업으로 평가받고 있다. 그래서 2008년 우리 정부에서도 미래의 신성장 동력의 하나로 문화콘텐츠를 포함시켰다.

　　서병문 전 한국문화콘텐츠진흥원 원장의 지적처럼, 앞으로 몇 년 뒤에 본격적인 디지털 TV 시대가 되면 우리나라를 비롯한 세계 경제는 지금과는 확연히 다른 모습으로 전개될 것이다. 그때 문화콘텐츠 산업은 세계 경제를 이끌

표 2.3 한국의 미래 신성장동력

6대 분야	22개 신성장동력
에너지 환경 (6)	무공해, 석탄에너지, 해양 바이오 연료, 태양전지, 이산화탄소 회수 및 자원화, 연료전지 발전시스템, 원전 플랜트
수송시스템 (2)	Green Car, 선박, 해양 시스템
New IT (5)	반도체, 디스플레이, 차세대 무선통신, LED 조명, RFID/USIM
융합신산업 (4)	로봇, 신소재, 나노융합, 핵융합시스템, 방송통신, 융합미디어
바이오 (1)	바이오 신약 및 의료기기
지식서비스 (4)	소프트웨어, 디자인, Healthcare, **문화콘텐츠**

어갈 중요한 산업 중의 하나로 우뚝 서 있을 것이다. 또한 문화콘텐츠를 생업으로 삼는 새로운 인간형들이 대거 등장할 것으로 전망된다.

3. 스토리텔링이 뜨고 있다

한편, 최근 들어 문화콘텐츠의 발달과 함께 스토리텔링이 새롭게 부각되고 있다.

21세기 디지털 기술의 발달로 다매체 다채널 시대가 도래하면서, 그것들을 채워줄 내용물인 콘텐츠의 수요가 폭발적으로 늘어났다. 게다가 방송과 통신, 인터넷의 융합, 곧 디지털 컨버전스(digital convergence) 시대가 되면서 콘텐츠의 중요성은 더욱 커져가고 있다. 그러면서 각종 매체에 맞는 이야기하기인 스토리텔링이 크게 주목받고 있는 것이다. 왜냐하면 그것은 콘텐츠 개발에 있어서 가장 중요한 원천소스 부분을 담당하기 때문이다. 스토리텔링은 어떤 콘셉트로 무엇을 어떻게 전달할 것인가, 곧 콘텐츠의 전체적인 방향성뿐만 아니라 구체적인 내용 전개까지도 결정짓는 아주 중요한 도구이다.

나아가 롤프 옌센(Rolf Jensen)에 의하면, 정보화 사회 이후에는 꿈과 감성을 기반으로 한 '드림 소사이어티(dream society)'가 등장할 것이라고 한다. 과거 농업사회에서는 가축과 토지가, 산업사회에서는 석유(탄)와 철광석이, 정보화 사회에서는 지식과 정보가 각각 생산의 토대였다면, 드림 소사이어티에서는 감성이 가장 중요한데, 그 결과 인간의 감성을 자극하는 이야기가 가장 주목받을 것이라고 주장하였다. 실제로 요즘은 평범한 상품보다 이야기가 들어 있는 상품이 훨씬 잘 팔리고 있다.

이처럼 오늘날 이야기 산업의 규모는 날이 갈수록 커지고 있고, 이야기의 영향력은 대중매체만이 아니라 사회전반으로 확대되고 있다.

또한 롤프 옌센은 앞으론 가장 훌륭한 이야기꾼을 가진 나라가 세계를 지배할 것으로 보았다. 그리고 지역적인 이야기보다 범세계적인 이야기가 시장을 지배할 것으로 한다. 요즘 이야기는 문화적 국경을 자유롭게 넘나들 수 있기 때문이다.

그런데 스토리텔링이 한마디로 뭐냐고 묻는다면, 현재로선 문화콘텐츠나 콘텐츠처럼 쉽게 대답할 수 없는 입장이다. 아직까지 초창기라서 그런지 워낙에 다양한 의미, 다양한 형태로 쓰이고 있기 때문이다.

대개 스토리텔링(storytelling)은 스토리(story)와 텔링(telling)의 합성어인데, 여기서 스토리는 어떤 줄거리를 가진 이야기를 말하고, 텔링은 매체의 특성에 맞는 표현방법을 말한다. 즉, 스토리텔링이란 '이야기를 매체의 특성에 맞게 표현하는 것'으로, 내용은 물론 기술적 측면까지 포함하고 있다. 그러므로 스토리텔링을 잘하기 위해선 우선적으로 각종 매체나 분야의 특성에 대해 이해할 필요가 있다. 이처럼 스토리텔링은 과거엔 이야기꾼이나 동화구연, 문화유산해설사 등 단순히 '이야기하다'라는 의미로만 쓰였지만, 요즘은 프로듀서나 프로그래머 등처럼 각종 콘텐츠의 기획(아이템)과 개발(이야기), 더 나아가 판매

(홍보와 마케팅) 방안까지 담당하는 아주 중요한 역할을 하고 있다.

그와 함께 요즘 디지털 스토리텔링(digital storytelling)이란 용어가 자주 쓰이는데, 그것은 한마디로 '디지털을 기반으로 한 스토리텔링'으로서, 하이퍼텍스트나 게임, 가상세계 등을 대표적인 예로 들 수 있다. 디지털 스토리텔링의 가장 큰 특징은 인터랙티버티(interactivity), 곧 상호작용성으로, 기존의 일방향성과 달리 쌍방향성 스토리텔링을 추구하고 있다. 과거 전통적 스토리텔링에선 사건들이 선형적 구조를 갖추고 인과관계나 선후관계에 따라 진행되었다면, 디지털 스토리텔링에선 사건들이 비선형적 구조를 갖추고 있으며 일정한 시작과 끝도 없이 진행된다는 특징이 있다.

요즘 스토리텔링은 우리 주위의 곳곳에서 쓰이고 있다. 위에서처럼 각종 대중매체는 물론이요 생활문화 전반에서 쓰이고 있는 것이다. 대개 스토리텔링의 유형은 문화콘텐츠, 비즈니스, 일상생활 등 크게 3가지로 나눌 수 있다.

우선 문화콘텐츠는 다시 엔터테인먼트와 인포메이션 스토리텔링으로 나눌 수 있는데, 엔터테인먼트 스토리텔링(entertainment storytelling)은 서사성이 강한 것으로 소설이나 동화, 만화, 드라마, 영화, 애니메이션, 게임, 뮤지컬 등을 들 수 있다. 이는 재미와 함께 상업성이 강하기 때문에 스토리텔링 중에서도 가장 활발하게 일어나고 있다.

반면에 인포메이션 스토리텔링(information storytelling)은 주어진 정보를 바탕으로 이를 가공, 배치, 편집, 디자인하는 것으로 전시나 축제, 여행, 테마파크, 에듀테인먼트(edutainment), 데이터베이스, 인터넷콘텐츠 등을 들 수 있다. 날이 갈수록 사람들은 재미와 지식을 동시에 추구하려는 경향이 강하므로, 향후에는 이들 분야도 엔터테인먼트 스토리텔링에 못지않게 활성화될 전망이다.

비즈니스 스토리텔링(business storytelling)은 각종 기업에서 활용하는 스토리텔링으로 광고나 상품, 브랜드, 디자인, 기업경영 등을 들 수 있다. 이제 기

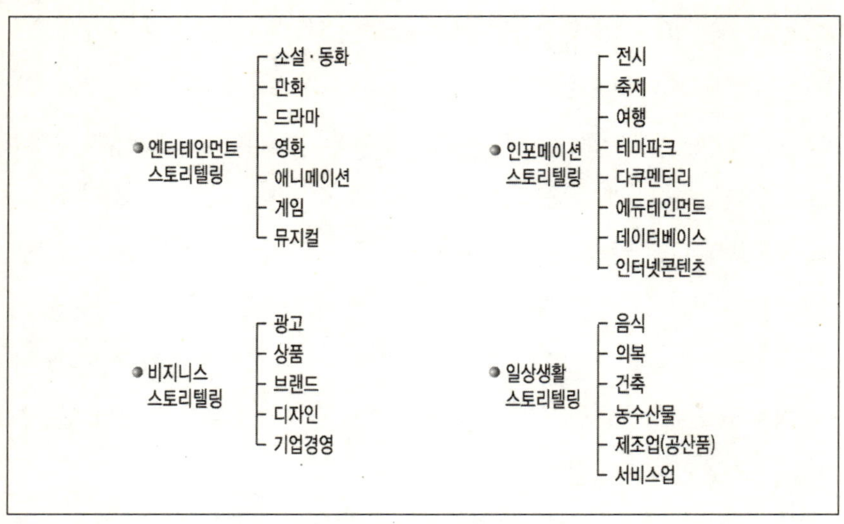

그림 2.2 스토리텔링 유형

업들도 이야기를 해주는 것, 곧 스토리텔링으로 소비자들에게 다가가고 있다. 각박한 현대사회에서 차가운 이성으로 다가가는 것이 아닌, 부드러운 감성으로 다가가고 있는 것이다. 실제로 상품 속의 이야기는 소비자의 구매 욕구를 끌어당김은 물론, 여러 가지 것들 속에서도 그 상품을 더욱 돋보이게 하는 역할을 한다.

그밖에, 스토리텔링은 우리들의 일상생활 곳곳에서도 쓰이고 있다. 이야기가 있는 음식이나 의복, 건축, 농수산물, 제조업(공산품), 서비스업 등이 그것이다. 이것들은 아직까지 전혀 주목받지 못하고 있지만, 앞으로는 가장 활발하게 사용될 전망이다.

21세기는 스토리텔링, 곧 이야기 산업의 시대이다. 이러한 이야기 산업의 시대에선 누가 더 많은 이야기 자원을 확보하여 이를 재미있게 만들어내느냐가 한 나라의 미래를 좌우할 수도 있다. 그래서 세계는 지금 '이야기 전쟁'을 벌이고 있다고 해도 과언이 아닐 정도로, 이야기 자원의 확보에 총력을 기울이고 있다.

먼저 영국은 스토리텔링 클럽이나 페스티벌, 학교, 전문 이야기꾼 등 스토리텔링이 대단히 활성화되어 있다. 특히 그들은 선술집에서 이야기 토론 모임을 갖는 등 스토리텔링 문화가 일상화되어 있다. 그래서 영국에는 〈반지의 제왕〉이나 〈해리포터〉, 〈나니아 연대기〉 등 좋은 원작이 매우 풍부하게 존재한다.

그에 비해 미국은 역사가 불과 몇 백 년 밖에 되지 않으므로, 고전이라고 해봤자 서부를 개척하던 카우보이 이야기 같은 것들이 전부이다. 그래서 미국은 세계 각국의 이야기를 확보하되 자기들의 입맛에 맞게 가공한 다음, 이를 다시 그 나라에 수출하는 전략을 쓰고 있다. 대표적인 예로 〈뮬란〉은 중국의 이야기를 가져다가 미국의 입맛에 맞게 각색하여, 중국을 비롯한 전 세계에 수출한 것이었다. 그와 함께 미국은 스토리텔링을 전문화, 과학화, 산업화하

그림 2.3
애니메이션 〈뮬란〉 포스터
출처 : 네이버 영화

는 작업도 계속하고 있다.

일본도 역시 만화와 소설 등 원작을 매우 중시하고 있다. 대체로 미국이 한 가지 이야기를 가지고 스토리텔링을 하여 핵심 콘텐츠를 만든 다음, 이를 다양한 매체로 활용하여 고부가가치를 올리는 이른바 '원소스 멀티유즈형' 방식을 채택하고 있다면, 일본은 여러 가지 것들에서 좋은 소재를 뽑아 하나의 이야기를 만들고, 그것을 다양하게 활용하여 고부가가치를 올리는 '멀티소스 멀티유즈형(Multi Source Multi Use)' 방식을 채택하고 있다.

최근 한국에서도 스토리텔링에 대한 사회적 관심이 점점 높아가고 있다. 스토리텔링 페스티벌이나 공모전, 학과 등이 늘어나고 있고, 정부에서도 한국콘텐츠진흥원을 중심으로 적극적으로 지원하고 있다. 하지만 민간부문에서는 여전히 제작과 판매에만 주력하고, 좋은 이야기의 기획이나 개발에 대해선 등한시하고 있다. 그래서 이야기의 부실 문제를 가져와, 심지어는 해외로까지 나가서 이야기를 수입해오고 있는 실정이다.

한국도 영국과 일본 만큼이나 문학, 설화, 역사, 기타 전통문화 등 이야기 소스들을 많이 갖고 있으나, 단지 그것들을 시대에 맞고 다양한 장르로 각색하는 능력이 부족할 뿐이다. 그러므로 미국이나 일본의 스토리텔링 방식을 벤치마킹하되, 우리만의 독특한 이야기하기, 곧 한국형 스토리텔링을 개발하도록 해야 할 것이다. 특히 우리나라에는 유달리 정(情)과 관련된 이야기가 많다. 사람과 사람, 사람과 동물, 사람과 자연 사이의 정을 담은 이야기가 많은데, 그것들을 잘 활용하면 세계적으로 경쟁력 있는 이야기 자원을 많이 확보할 수 있으리라 본다.

3장
국내외 문화콘텐츠 교육 동향

최근 문화콘텐츠에 대한 사회적 관심의 증대로 각 대학들이 문화콘텐츠학과를 거의 우후죽순처럼 설립하고 있다. 하지만 체계적인 커리큘럼의 미비, 각 대학별 특성화와 전문화 부족, 이론과 실습의 부조화 등의 이유로 그 같은 양적 팽창에 비해 질적 수준은 여전히 취약한 상황이다.

　반면에 주요 선진국은 이미 오래 전부터 문화콘텐츠 산업의 중요성을 인식하고 그것의 보호와 육성을 위한 정책적·법률적 지원의 근거를 마련해왔다. 특히 그들은 정부와 기업, 대학이 서로 협력하여 적극적인 인재양성을 통해 문화콘텐츠 산업의 국제 경쟁력을 강화하려 하고 있다. 그러므로 만약 우리가 문화콘텐츠 산업의 핵심인재를 양성하는 데 조금이라도 등한시한다면, 선진국과의 격차는 날이 갈수록 커질 수밖에 없을 것이다.

1. 국내 문화콘텐츠학과 현황

2000년 이후, 특히 2004~2005년에 이르러 각 대학마다 문화콘텐츠학과
를 대거 설립하였다. 하지만 아직까지도 그에 대한 정확한 현황 파악이나 커
리큘럼 분석이 제대로 이루어지지 않고 있다. 이에 따라 본 장에서는 먼저 신
광철, 김교빈 등의 선행연구에 힘입어 국내 문화콘텐츠학과의 현황을 파악한
후, 대표적인 대학들의 커리큘럼 분석을 통해 국내 문화콘텐츠학과의 문제점
을 진단해보고자 한다. 그러고 나서 해외 선진국의 문화콘텐츠 교육 동향을
통해 우리의 나아갈 길을 모색해보고자 한다. 특히 이 책에선 비록 장황하지
만 각 대학들의 커리큘럼을 도표 형식으로 제시하여 문화콘텐츠 교육 동향을
보다 쉽게 이해할 수 있도록 하였다.

먼저 문화콘텐츠학의 특징은 '통합성'에 있다. 앞에서 말한 것처럼 문화콘
텐츠에는 16가지 이상의 다양한 장르가 존재하고, 또 기획·개발·제작·판
매 등 여러 가지 세부 전공이 있다. 그래서인지 문화콘텐츠는 인문이나 예술,
IT, 사회 등 다양한 학문의 참여에 의해 이루어지고 있다.

이에 따라 국내 문화콘텐츠학과의 현황을 파악해보면, 2008년 기준으로 인
문학 기반이 12개, 예술학 기반이 5개, IT 기반이 12개, 사회과학 기반이 3개
등, 총 33개 대학임을 알 수 있다. 또한 대학원은 7개 정도로 파악된다. 이들
은 공식적으로 문화콘텐츠학과(학부, 전공 포함)를 표방하고 통합적 교과과정을
지향하는 명실상부한 문화콘텐츠학과이다. 이를 간단명료하게 도표로 나타내
면 〈표 3.1, 3.2〉와 같다.

영 역	대학교	학과/학부	소 속
인문학 (12개)	경일대학교	교육문화콘텐츠학과	인문계열
	동신대학교	문화기획학과	문화관광대학
	상명대학교	역사콘텐츠전공	인문사회과학대학
	상지대학교	문화콘텐츠학과	문과대학
	선문대학교	문화콘텐츠전공	인문외국어대학
	원광대학교	한국문화학과	교학대학
	위덕대학교	문화콘텐츠학부	인문계열
	인하대학교	문화콘텐츠학과	문과대학
	한신대학교	한중문화콘텐츠전공	중어중문학
	한양대학교	문화콘텐츠학과	국제문화대학
	호서대학교	문화기획학과	예체능대학
	호서대학교	문화콘텐츠창작전공	인문대학
예술학 (5개)	강원대학교	스토리텔링학과	문화예술대학
	건양대학교	디지털콘텐츠학과	문화산업계열
	경남대학교	문화콘텐츠학부	문과대학
	대구예술대학교	한국문화콘텐츠전공	미술계열
	순천향대학교	미디어콘텐츠전공	공연영상미디어학부
IT (12개)	가톨릭대학교	문화콘텐츠전공	디지털미디어학부
	경성대학교	디지털콘텐츠학부	멀티미디어대학
	대구한의대학교	모바일콘텐츠학부	문화정보대학
	동서대학교	디지털콘텐츠학부	독립학부
	동신대학교	디지털콘텐츠학과	문화관광대학
	목포대학교	디지털문화콘텐츠공학전공	전기제어신소재공학부
	상명대학교	디지털콘텐츠전공	만화 · 디지털콘텐츠학부
	세종대학교	디지털콘텐츠학과	전자정보공학대학
	영산대학교	게임 · 콘텐츠학과	CT대학
	우석대학교	게임콘텐츠학과	과학기술대학
	전남대학교	문화콘텐츠학부	문화사회과학대학
	전주대학교	영상콘텐츠학부	문화산업대학
사회과학 (3개)	성신여자대학교	미디어커뮤니케이션학부	사회과학대학
	한라대학교	미디어콘텐츠학과	경영사회대학
	호서대학교	디지털콘텐츠비즈니스전공	디지털비즈니스학부

표 3.2 국내 문화콘텐츠 대학원 현황

대학원	학 과	전 공	비 고
건국대	문화정보콘텐츠학과	문화콘텐츠학	
고려대	응용언어문화학협동과정	문화콘텐츠학	
동국대	영상대학원	문화콘텐츠학과	
중앙대	예술대학원	문화콘텐츠학과	특수대학원
한국외대	일반대학원	문화콘텐츠학과	
한양대	일반대학원 협동과정	문화콘텐츠학과	
KAIST	문화기술대학원		

2. 문화콘텐츠학과 커리큘럼 분석

그럼 이제부터 그들의 커리큘럼을 자세히 분석하여, 국내 문화콘텐츠학과의 문제점을 파악해보자.

본디 문화콘텐츠학과는 각종 문화콘텐츠 산업에서 활동하는 전문인력을 양성하기 위해 설립한 것이다. 이러한 교육 목표에 따라 문화콘텐츠학과의 커리큘럼도 기본적으로 각종 문화콘텐츠의 기획·개발·제작·판매 등의 능력을 갖출 수 있도록 짜여 있다.

대표적으로 한양대를 예로 들어 살펴보면, 이 대학은 문화콘텐츠 전 매체를 다룰 수 있고, 인문학적 능력을 기반으로 특히 문화콘텐츠 기획, 비즈니스 분야의 인재 양성을 목적으로 설립했다고 한다. 이에 따라 1학년에서는 영어나 글쓰기, 과학기술, 세계문화 등 여러 가지 교양과목과 더불어 문화콘텐츠 산업, 기획, 비즈니스 등의 이해 같은 문화콘텐츠에 관한 기본 지식들을 습득할 수 있도록 커리큘럼이 짜여 있다. 그리고 2·3학년에서는 만화, 애니메이션, 영상, 게임, 캐릭터, 공연, 에듀테인먼트, 웹, 모바일 등 각종 문화콘텐츠의 기획·개발·제작·판매에 대해 이해하고 실습할 수 있도록 커리큘럼이 짜여 있다. 나아가 4학년에서는 문화콘텐츠 제작과 현장실습, 창업, 정책, 법령 등 취업이나 창업에 필요한 실제적인 문제들을 중심으로 짜여 있다. 예컨대 2009년 기준 한양대 문화콘텐츠학과의 커리큘럼을 제시하면 〈표 3.3〉과 같다.

표 3.3 한양대 문화콘텐츠학과 커리큘럼

학년/학기	교과목	학년/학기	교과목
1-1	• 문화콘텐츠의 이해 • 창의적 영어읽기 • 새내기 세미나 • 언어의 이해	1-2	• 말과 글 • 문화콘텐츠 경영의 이해 • 문화콘텐츠 기획의 기초 • 과학기술의 철학적 이해 • 세계문화의 이해
2-1	• 창의적 발상법 • 한국문화의 원형 • 멀티미디어 제작 실습 • 문화콘텐츠 기획론 • 문화콘텐츠 시나리오 분석 • 문화콘텐츠 마케팅 • 프리젠테이션 기술과 피칭 전략 • 영어 커뮤니케이션 1	2-2	• 한국문화와 콘텐츠 개발 • 문화예술의 현장 • 게임의 이해 • 만화대본 워크숍 • 문화콘텐츠 비즈니스 • 웹·모바일 콘텐츠 기획 • 문화콘텐츠 제작과 디자인 • 영어 커뮤니케이션 2
3-1	• 동양문화와 콘텐츠 개발 • 에듀테인먼트 개발론 • 문화콘텐츠 연출론 • 게임 기획과 시나리오 • 애니메이션 기획론 • 웹·모바일 콘텐츠 제작 • 문화트렌드 분석론	3-2	• 게임콘텐츠 분석론 • 시나리오 창작실습 • 공연예술 기획론 • 영상콘텐츠 구성실습 • 문화콘텐츠 유통론 • 캐릭터 기획개발 • 신화와 문화콘텐츠 개발
4-1	• 문화콘텐츠 제작의 실제 1 • 문화콘텐츠 기업 창업론 • 문화이벤트 컨설팅 • 대중문화와 문화콘텐츠	4-2	• 문화예술 법령과 정책 • 문화산업 현장실습 • 문화콘텐츠 제작의 실제 2 • 문화연구 세미나

한편, 강원대 스토리텔링학과는 특이하게도 인문학을 기반으로 하면서도 영화나 애니메이션, 방송, 게임, 공연, 광고, 캐릭터, 모바일 등 각종 문화콘텐츠의 스토리텔링 전문인력 양성을 목표로 하고 있다. 그리하여 실제 커리큘럼에서도 문화콘텐츠 스토리텔링을 위한 신화, 역사, 구비전승 등 인문학적 교양 함양과 더불어 영화, 만화, 애니메이션, 방송, 축제, 페스티벌, 에듀테인먼트 등의 기획과 스토리텔링 방법, 기타 일반적인 문화콘텐츠 기획, 마케팅, 행정, 인턴십 등을 학습하도록 짜여 있다. 마찬가지로 2009년 기준 강원대 스토리텔링학과의 커리큘럼을 제시하면 〈표 3.4〉와 같다.

표 3.4 강원대 스토리텔링학과 커리큘럼

학년/학기	교과목	학년/학기	교과목
2-1	• 드라마 작업의 기초 • 영화 서사학 • 신화와 스토리텔링 • 문화 예술 기행 • 만화와 애니메이션	2-2	• 지역문화 체험 I • 방송매체론 • 역사와 스토리텔링 • 영상매체의 이해 • 문화산업의 이해
3-1	• 지역문화 체험 II • 방송콘텐츠 기획 • 에듀테인먼트 스토리텔링 • 뉴미디어의 이해 • 영상미학	3-2	• 페스티벌 사례연구 • 방송프로그램 구성실습 I • 스토리텔링과 마케팅 • 예술행정입문 • 문화콘텐츠 기획세미나 I
4-1	• 축제 기획 • 드라마 대본실습 • 구비전승과 스토리텔링 • 문화콘텐츠 기획세미나 II	4-2	• 지역문화 컨설팅 • 방송프로그램 구성실습 II • 문학과 스토리텔링 • 인턴십

3. 문화콘텐츠 대학원 커리큘럼 분석

다음으로 문화콘텐츠 대학원은 학부 과정에서 배운 지식을 더욱 심화시켜 각종 문화콘텐츠의 연구와 교육 및 생산을 담당할 고급인력을 양성하는 것을 주된 목표로 하고 있다. 그리하여 커리큘럼의 기본 방향도 크게 두 가지 형태로 나누어진다. 하나는 실무적 측면의 전문가 양성과정으로, 문화콘텐츠 기획·개발·제작·판매 등의 실무적 능력을 배양하도록 짜여져 있다. 다른 하나는 학문적, 정책적 측면의 전문가 양성과정으로, 문화콘텐츠 관련 제반 이론이나 국내외 문화콘텐츠 산업의 동향 파악 등 학문적·정책적 역량을 갖출 수 있도록 짜여져 있다.

대표적으로 동국대 영상대학원 문화콘텐츠학과의 경우, 다양한 문화콘텐츠의 연구와 비평을 수행하고, 문화콘텐츠 산업의 제도와 정책 및 마케팅 전략을 수립하며, 나아가 문화콘텐츠 기획과 시나리오 분야의 전문인력 양성을 목표로 하고 있다. 특히 동국대는 자신들의 특성화에 맞게 콘텐츠 기획과 시나리오 부문의 고급인력을 양성하기 위한 방향으로 커리큘럼이 짜여져 있다. 역시 2009년 기준 동국대 영상대학원 문화콘텐츠학과의 커리큘럼을 과정별로 나누어 차례대로 제시하면 〈표 3.5〉와 같다.

필자가 보기에 국내 문화콘텐츠 대학원 중에서 나름대로 특성화가 잘 이루어진 곳은 카이스트(KAIST) 문화기술(CT)대학원이 아닐까 한다. 문화기술대학원은 IT에 기반한 문화콘텐츠 제반 기술들을 개발하면서도, 각종 문화콘텐츠의 기획, 경영 등까지 아울러 연구하고 교육하는 것을 주된 목표로 하고 있다. 특히 문화기술대학원은 인문사회, 예술과 디자인, 이공학, 경영 등의 학제간 연구를 지향하고 있다.

표 3.5 동국대 영상대학원 문화콘텐츠학과 커리큘럼

필수 · 선택 과목

전 공	교과목
공통	고전강독, 문화심리학, 감성학, 작품소재론

석사과정 커리큘럼

전 공	세부분야	교과목
공통과목	공 통	대중문화론, 고전강독, 공연 및 영상 시나리오론, 문화원형과 문화콘텐츠, 스토리텔링, 문화콘텐츠 산업론, 문화정책론, 현대명작강독, 콘텐츠 저작권, 세계의 문화와 신화, 문화콘텐츠 논문지도
콘텐츠 기획전공	문화콘텐츠 기획분야	문화콘텐츠연구, 공간·공연 기획(1), 영상콘텐츠 기획(1), 영상콘텐츠 기획(2), 공간·공연 기획(2), 영상콘텐츠 분석, 공간·공연 콘텐츠 분석
콘텐츠 시나리오 전공	공연예술 시나리오	극작법(1), 극작법(2), 극작법(3), 극작법(4)
	영상산업 시나리오	극작법(1), 영상시나리오 작법(1), 영상시나리오 작법(2), 디지털콘텐츠 시나리오

박사과정 커리큘럼

전 공	세부분야	교과목
공통과목	공 통	대중문화연구, 동양신화연구, 공연 및 영상 시나리오연구, 서양신화연구, 스토리텔링, 문화콘텐츠사업연구, 문화 정책과 행정, 현대명작 연구, 콘텐츠저작권 연구, 문화콘텐츠 논문지도
콘텐츠 기획전공	문화콘텐츠 기획분야	문화콘텐츠 기획연구, 공간, 공연 기획연구(1), OSMU 기획론, 영상콘텐츠 기획연구, 문화마케팅 연구, 공간·공연 기획연구(2), 영상콘텐츠 분석연구, 공간·공연 콘텐츠 분석연구
콘텐츠 시나리오 전공	공연예술 시나리오	극작법연구(1), 극작법연구(2), 현대드라마연구, 극작가연구
	영상산업 시나리오	극작법연구(1), 영상시나리오 작법연구(1), 영상시나리오 작법연구(2), 디지털콘텐츠 시나리오연구

　　문화기술대학원도 석사와 박사 학위 프로그램을 운영하고 있고, 전공분야는 콘텐츠 창작전공, 문화산업 기획전공, 문화산업 경영전공 등으로 나누어져 있다. 하지만 커리큘럼을 자세히 분석해보면, 아직까지는 애니메이션이나 게임, 음악, 가상세계 등의 콘텐츠를 위한 디지털 기술 개발에 초점이 맞추어져 있는 듯하다. 예컨대 2009년 기준 카이스트 문화기술대학원의 커리큘럼을 제시하면 〈표 3.6〉과 같다.

표 3.6　카이스트 문화기술대학원 커리큘럼

공통필수		
과 정	**교과목**	
석 사	• 리더십 강좌 • 윤리 및 안전 1 • 영어논문작성법 • 전산응용개론	• 확률 및 통계학 • 공업경제 및 원가분석학 • 분석학 • 계측개론	• 기업가 정신과 경영 전략 • 특허분석과 발명출원
박 사	• 윤리 및 안전 1 • 영어논문작성법 • 전산응용개론	• 확률 및 통계학 • 공업경제 및 원가분석학 • 분석학	• 계측개론 • 기업가 정신과 경영 전략 • 특허분석과 발명출원

전 체	
과 정	**교과목**
전 체	• 문화기술론　　　　　　　　　　• 과학기술의 개념과 과학적 사고 • 문화기술 프로젝트 I　　　　　• 인공지능 • 미디어미학　　　　　　　　　　• 디지털 커뮤니케이션 • 컴퓨터 그래픽스 및 가상현실　• 스토리 디자인 • 극장음악과 디자인　　　　　　• 문화경제론 • 음향악기 제조와 평가 실험　　• 문화콘텐츠 산업론 • 사운드 디자인과 프로그래밍　• 문화지식 재산권론 • 공연기획 및 경영관리　　　　• 문화기술 프로젝트 II • 게임기술　　　　　　　　　　　• 문화원형론 • 게임디자인　　　　　　　　　　• 디지털인간 • 디지털디자인　　　　　　　　　• 음악, 소리, 테크놀로지 • 디지털콘텐츠 디자인　　　　　• 디지털 퍼포먼스 • 디지털 건축　　　　　　　　　　• 게임학

과 정	전 체	
	교과목	
전 체	미디어인터랙션 디자인	컴퓨터 그래픽스 특강: 예제기반 동작합성
	가상세계	가상현실 특강
	디지털 패션	애니메이션 특강
	네트웍 미디어	음악기술 특강: 음악음향학
	디지털 서사학	소리를 이용한 HCI Project
	텍스트 분석과 지식마이닝	HCI 특강
	미디어 마케팅	디지털콘텐츠 특강
	문화산업정책	창의적 과제
	문화벤처창업론	디지털서사학 특강
	글로벌 문화마케팅 전략	문화경제정책 특강
	문화기술 연구방법론	문화콘텐츠 마케팅 특강
	디지털 문화이론 특강	인터넷산업 특강
	컴퓨터 그래픽스 특강: 디지털인간	

4. 국내 문화콘텐츠학과의 문제점

이상과 같이 최근 문화콘텐츠에 대한 사회적 관심의 증대로 각 대학들이 문화콘텐츠학과를 거의 우후죽순처럼 설립하고 있다. 하지만 양적 팽창에도 불구하고 그에 상응하는 질적 성장은 이루어지지 못하고 있는 실정이다. 이상의 내용을 토대로 국내 문화콘텐츠학과의 문제점을 종합적인 관점에서 지적해 보면 다음과 같다.

우선 체계적인 커리큘럼이 마련되어 있지 않다는 점이다. 특히 학년간의 중복이 심하고 두루뭉술한 과목들이 많아서, 문화콘텐츠에 대한 다양하고 깊이 있는 지식 축적이 이루어지기 어려운 상황이다. 예컨대 앞에서 대표적으로 제시한 한양대의 경우만 보더라도 막연한 문화콘텐츠 기획·비즈니스 과목들이 조금씩 명칭만 달리하면서 학년마다 개설되어 있고 '창의적 발상법', '대중문화와 문화콘텐츠', '문화이벤트 컨설팅' 등과 같이 지나치게 광범위하고 추상적인 과목들이 많이 개설되어 있다.

다음으로 각 대학별 선택과 집중, 곧 특성화와 전문화가 이루어지지 않고 있다는 점이다. 앞에서처럼 문화콘텐츠학의 가장 큰 특징은 '통합성'에 있다. 문화콘텐츠학은 모든 매체를 폭넓게 이해해야 할 뿐 아니라 콘텐츠의 생산과정에 대해서도 충분히 숙지하고 있어야 한다. 이 때문에 문화콘텐츠학은 다른 어떤 학문보다도 전공하기가 쉽지 않다. 하지만 문화콘텐츠학이 거기에서만 멈춘다면, 수박 겉 핥기식 학문이라는 비난을 면치 못할 것이다. 필자가 보기에 진정한 문화콘텐츠학은 거기에서 한 단계 더 나아가 자기만의 개성을 가지고 있어야 한다고 생각한다. 즉, 그 대학만의 주력 매체와 전문 분야를 가지고서, 보다 구체적이고 실질적인 교육이 이루어져야 한다는 것이다.

그럼에도 불구하고 심지어는 강원대 스토리텔링학과의 경우조차도 대외적으론 문화콘텐츠 스토리텔링 전문인력 양성을 목표로 하고 있으면서도, 실제적으론 여느 문화콘텐츠학과와 별반 차이가 없이 각종 문화콘텐츠의 기획·개발·제작·판매 등 모든 과정을 학습할 수 있도록 커리큘럼이 짜여져 있다. 게다가 '지역문화 체험 I·II', '지역문화 컨설팅', '문화콘텐츠 기획 세미나 I·II' 등과 같이 스토리텔링과 별로 관계없는 듯한 과목들도 눈에 띈다.

나아가 대학과 대학원간의 연계구조가 취약하다는 점이다. 앞에서처럼 대학원 교육은 학부에서 배운 지식을 더욱 심화시켜 각종 문화콘텐츠의 연구와 교육 및 생산을 담당할 고급인력을 양성할 수 있어야 한다. 하지만 동국대를 비롯한 거의 모든 대학원이 학부에서 배운 과목들을 거의 그대로 개설하고 있다. 아니, 오히려 더욱 범박한 수준으로 과목들을 개설하고 있다고 해도 과언이 아니다. 또한 그 대학원만의 선택과 집중이 거의 이루어지지 않고 있음은 말할 나위조차 없다.

뿐만 아니라 실무 능력을 향상시키기 위한 과목들이 부족하다는 것도 문제이다. 뒤에서 보겠지만 문화콘텐츠학은 이론과 실제의 조화가 필수적이다. 특히 실습과 현장 체험을 통한 실무 능력의 향상이 중요한데, 국내 문화콘텐츠학과는 그러한 과목들이 턱없이 부족한 실정이다. 그에 비해 선진국은 프로젝트 수업, 산학협력, 인턴십, 학교기업 등을 통해 실무 능력을 향상시키고, 나아가서는 창업마인드를 키워주고 있다.

끝으로 전문교수의 부족도 심각한 문제이다. 문화콘텐츠 교육의 질적 향상을 위해서는 문화콘텐츠학을 전문적으로 연구한 교수가 강의를 담당하는 것이 절대적으로 필요하다. 물론 우리나라 문화콘텐츠학과는 단기간에 급속히 설립되면서, 아직까지도 전문교수의 수가 많이 부족한 형편이다. 그러나 비록 시간이 걸리겠지만, 이는 반드시 해결되어야 할 문제이다. 필자가 생각하기엔 국내 문화콘텐츠학과들이 컨소시엄(consortium), 곧 공동대응 기구를 만들어 학생들로 하여금 모든 대학들의 강의를 자유롭게 듣고 학점을 이수할 수 있도록 하는 것도 한 가지 방법일 듯하다.

그밖에 커리큘럼에 상응하는 구체적이고 실질적인 교재가 나와야 한다. 이미 신광철 교수가 지적한 것처럼, 현재 우리나라는 문화콘텐츠학의 총론 및 각론에 대한 교재가 거의 나와 있지 않은 실정이다. 그러므로 정책적 차원의 공모나 지원을 통해서라도 문화콘텐츠학 교재 개발에 지속적으로 힘써야 할 것이다.

5. 해외 문화콘텐츠 교육 동향

그렇다면 해외 선진국의 문화콘텐츠 교육 동향은 과연 어떠할까? 『문화콘텐츠 국내외 교육기관 현황조사』(한국문화콘텐츠진흥원, 2005)를 중심으로, 그에 대해 대략적으로 살펴보면서, 한국 문화콘텐츠학과의 나아갈 길을 모색해보기로 하자.

해외 문화콘텐츠 교육정책은 크게 세 가지 유형으로 나눌 수 있다. 하나는 민간주도형 정책으로, 미국처럼 개인과 기업의 자유로운 창작활동을 보장하는 것이다. 두 번째는 정부주도형 정책으로 영국이나 호주, 캐나다 등처럼 정부가 직접 나서서 문화콘텐츠 산업의 보호와 육성에 관련된 정책을 펼치는 경우이다. 세 번째는 혼합형 정책으로, 일본처럼 정부가 문화콘텐츠 산업의 보호와 육성에 관련된 법률적 토대를 제공하고, 민간 부문과 지방정부는 독자적인 문화콘텐츠 산업의 육성을 위해 노력하는 경우이다. 물론 일본도 최근에는 문화콘텐츠 산업의 중요성을 인식하고 정부의 역할을 확대하는 추세이다.

그럼 이들 국가의 문화콘텐츠 인재양성 전략과 대표적인 교육기관에 대해 차례대로 살펴보기로 하자.

⚠ 미국 문화콘텐츠 교육현황

미국 문화콘텐츠의 경우 국가에 의한 직접 지원은 상징적인 수준에 머물며, 거의 대부분이 민간 부문으로부터 나오고 있다. 정부의 역할은 각종 재단 및 단체에 대한 세제상의 지원이 전부라 해도 과언이 아니다. 실제로 미국 예술단체의 외부 지원금은 80% 이상이 개인들로부터 받은 지원금이다.

미국 문화콘텐츠 교육기관의 인재양성 전략은, 첫째 수요자 중심의 신속한 인력공급 정책으로, 산업현장에서 요구하는 인력들을 신속하게 파악하여 이를 교육기관에 반영한다는 점이다. 둘째, 커리큘럼의 독창성으로, 특히 비즈니스 교육이 잘 이루어지고 있다. 미국은 문화콘텐츠를 잘 만드는 것도 중요하지만, 이를 상업화하는 능력도 매우 중요하게 여긴다. 셋째, 최첨단 설비에 대한 기업과의 활용과 공유이다. 미국의 대학과 연구 기관들은 산업현장에서 유용한 첨단설비를 공급하는 주요한 역할을 담당하고 있다.

미국 문화콘텐츠 교육기관의 대표적인 사례로는 UCLA(University of California, Los Angeles) Anderson과 American University를 들 수 있다. UCLA Anderson은 미국 전체에서 유일하게 Theatre, Film, Television(TFT)과 디지털미디어 과정을 갖춘 학교이다. 엔터테인먼트의 중심지인 LA에 위치한 TFT는 교육 프로그램이 그야말로 최상급 수준이다. 이 학교의 가장 큰 특징은 실습과 이론을 동등한 비중으로 배운다는 점이다. 학생들은 acting, writing, directing, producing, designing 등을 배움과 동시에 모든 프로그램의 역사와 평론, 이론을 배우기도 한다. 이 학교의 전공별 주요 커리큘럼을 제시하면 〈표 3.7〉과 같다.

그림 3.1 미국 UCLA Anderson 전경
출처 : 네이버 백과사전

표 3.7 UCLA Anderson TFT의 전공별 커리큘럼

전 공	커리큘럼	비 고
Acting	• Theatrical Art의 배경 • 연기 기술론 • Theatre, Television을 위한 연기 기술론 • Speech와 Voice • Movement • 제작과 포퍼먼스 실습	3년제
Design	• 의상 디자인 • 조명 디자인 • 제작 매니지먼트와 기술 • 무대장치 디자인 • 사운드 디자인	3년제
Scope and Objective	• 디자인의 구성요소 • 색채학, 드로잉 • 포토그래픽 • 타이포그래픽 • 비주얼 테크놀로지 • 이미지 캡쳐 기술 • 사회적 고전적 이슈 • 비주얼 커뮤니케이션 디자인 • 스튜디오	3년제
Directing	• Theatrical Art의 배경 • 제작 모던 이론, 원고 평론 • 디자인과 제작의 협동 프로젝트 • 극 콘셉트화, 퍼포먼스 워크숍, 아트사, 감독 • 원고 Development 워크숍 • 클래식, 고전 드라마 감독 • 텔레비전 제작 워크숍 • 세미나, 무대를 위한 감독 제작 프로젝트 • 논문, Theatre, Film and Television 인턴십	3년제
Playwriting	• 극장을 위한 writing • writing을 위한 주제 • 극작을 위한 연구 • 스크린라이팅 • 제작 및 퍼포먼스 • 인턴십 • 무대 관리 기술 • Theatrical Art의 배경	3년제

American University는 미국 워싱턴 D.C.에 있는 사립대로, 문화콘텐츠 관련 학과는 College of Art & Science 학부에 9개의 세부 전공이 존재한다. 이 학과에선 다양한 기초과정을 제공하여, 우선 문화와 문화콘텐츠에 대해 폭넓게 이해할 수 있도록 하고 있다. 또 실습과 인턴십도 중요시하여 문화콘텐츠 제작 기술이나 트렌드, 테크놀로지 등에 익숙하도록 하고 있다. 그런데 특징적인 점은 이 학과도 역시 교과과정에 비즈니스 프로그램을 개설하여 일정 수준 이상의 학점을 반드시 이수하도록 한다는 점이다. 그래서 다양한 비즈니스 영역에 대한 지식을 제공하여 학생들이 향후 문화콘텐츠 산업에 종사할 때 활용가치를 높이도록 하고 있다. College of Art & Science의 커리큘럼을 제시하면 〈표 3.8〉과 같다.

표 3.8 College of Art & Science의 커리큘럼

전 공	커리큘럼		비 고
Art History	• 가톨릭 예술 • 르네상스로부터 현재의 예술 • 중세, 르네상스, 모던 예술 • 유럽 예술, 현대 문화예술 • 제2외국어		
Graphic Design	• 그래픽 디자인 개요 • 타이포그라픽 • 디자인을 위한 컴퓨터 기술 • 그래픽 디자인사 • 디자인과 포토그래픽 • 동적 그래픽	• 고급 디자인 • 일러스트레이션 • 포장디자인 • 디자인 프로젝트 • 인턴십	
Studio Art	• 스튜디오의 이해 • 스튜디오 실습 • 드로잉, 페인팅, 조각, 창조적 페인팅 • 에칭 기술 • 인턴십		

ⓘ 영국 문화콘텐츠 교육현황

영국 정부는 문화콘텐츠 산업의 지원정책을 강화하기 위해 1980년대부터 창작산업을 국가의 정책 과제로 설정하여 규제를 대폭 완화하고 시장을 적극 개방하였다. 또한 토니 블레어 정부에 들어서는 창작산업을 고부가가치 산업으로 인식하고 문화미디어부를 문화미디어스포츠부로 확대 변경하였다. 그곳에서는 문화콘텐츠 산업 전문인력의 육성정책 수립과 재원조달, 네트워크 구축, 수출 진흥, 지적재산권 보호 등의 업무를 추진하고 있다.

나아가 영국은 정부 차원의 문화콘텐츠 산업에 대한 지원정책 외에도 각 지역들이 특색 있는 문화콘텐츠 산업을 육성할 수 있도록 다양한 제도적 지원정책을 수립하여 실천하고 있다. 이를 통해 지역마다 보유하고 있는 특색 있는 창작재원을 지원하는 한편, 창작 클러스터를 발전시켜 산업화의 길을 지원하고 있다.

이러한 지원정책에 힘입어 영국 문화콘텐츠 산업은 연간 800만 파운드 이상의 경제적 효과를 창출하고, 전체 GDP의 8% 이상을 차지하는 규모로 성장하였다. 또 200만 명 이상의 실질적인 고용효과를 거두기도 하였다.

영국 문화콘텐츠 교육기관의 대표적인 사례로는 Bournemouth University와 National Film & Television School(NFTS)을 들 수 있다. 먼저 본머스대는 영국 내에서 직업전문 교육기관의 하나로 유명하다. 이 대학은 광범위한 분야의 문화콘텐츠 교육 프로그램을 제공하고 있는데, 그것들은 주로 Media School에서 운영된다. 미디어 스쿨은 기업과 마케팅 커뮤니케이션, 언론부문, 미디어 제작과 애니메이션 연구로 유명하다. 그중에서도 미디어 제작실습이 커리큘럼의 핵심이며, 고도의 제작방법론과 응용리서치를 다루고 있다. 또한 컨설팅과 인턴십 프로그램도 운영하고 있다. 나아가 예비 대학생을 위한 프로그램과 더불어 직장인의 재교육을 위한 파트타임 프로그램도 운영하고 있다.

본머스대 미디어스쿨의 전공별 커리큘럼을 제시하면 〈표 3.9〉와 같다.

표 3.9 Media School 커리큘럼

전공	커리큘럼	비 고
Scriptwriting for film and television	• Script projects • 커뮤니케이션 형태 • 스크린과 영화 분석 • 스크립트 분석과 편집 • The media producer • Digital Futures	
Computer visualization and animation	• 애니메이션 디자인 • 컴퓨터 프로그래밍 • 컴퓨터그래픽을 위한 수학 • Digital media application & post production • 컴퓨터시스템 원론 • 운영체계기술 • 프로젝트와 리포트 • 애니메이션 디자인	
Music Design	• 미디어 분석 • 음악의 창작 • 음악의 역사와 이론의 형성 • 프로젝트와 리서치 • Innovations	
Television production	• 텔레비전 작품제작 실습 • 리서치 • 대본 작성 • 프로그램 개발 • 6주 실습 • 프로젝트 분석 • 논문	
Interactive media production	• 쌍방형 미디어의 비디오와 사운드 • 쌍방형 미디어 프로젝트 계획 • 쌍방형 미디어 프로그램 제작 • Interactivity를 위한 창조적 접근 • Image studies • 디지털미디어의 미래 • 미디어 이론 • 프로젝트 실습 • 제작품의 분석과 시각 • 논문	
Multimedia journalism	• 디지털 방송, TV와 라디오 • 신문, 잡지와 온라인 매체 • 법과 윤리 • 미디어와 사회 • 뉴스 이론 • 국제적 관점 • 방송물의 제작실습 • 저널리즘 이론 • 논문	
Digtal media production	• 디지털미디어의 제작 • 팀 작품활동 • 타전공 준비	

National Film & Television School(NFTS)은 영국 정부가 세계 최고 수준의 문화콘텐츠 산업 인력을 육성하기 위해 설립한 정부투자 교육기관이다. 이 학과는 1971년 개교 이래로 영화, 방송, 애니메이션 분야에서 고급인력을 체계적으로 양성하여 국제무대에 진출시킨 명망 있는 국립학교이다. NFTS의 주요 분야는 Animation, Cinematography, Composing for film and television, Documentary, Editing, Fiction direction, Producing 등이다. NFTS의 전공별 커리큘럼을 제시하면 〈표 3.10〉과 같다.

표 3.10 NFTS의 전공별 커리큘럼

전 공	커리큘럼	비 고
Animation	• 고전적 디지털 애니메이션 기초, 스토리보딩 • 캐릭터 창작, Directing Live action • Animation acting, Directing actor • 사운드 트랙 프로젝트, 논문, 졸업작품	
Cinematography	• 창의적 표현을 테크닉으로 개발 • 고전적 기술과 새로운 미디어 기술 훈련 • Visual Storytelling	
Composing for film and television	• 기초 화술 • Midi Sampling and Audio • Narrative with voiceover • 음악과 사운드 결합 • 논픽션 악보 작성 • 오케스트라와 관현악법 • 워크숍	
Documentary	• 실습연습을 위한 시리즈 개발 • 디지털 비디오와 장비의 사용 • 편집, 촬영기법, 사운드 디자인, 작곡 등 • 2종의 프로젝트 수행 　-자신만의 필름 제작 　-디지털 필름 메이킹의 도전과 언어 연구	

전 공	커리큘럼		비 고
Editing	• 추상적 필름 워크숍 • 사운드 프로젝트 • 픽션과 다큐멘터리 편집의 기초 • 짧은 다큐멘터리 • 무성음 다큐멘터리	• 애니메이션 프로젝트 • 장면 촬영 • 스튜디오 다큐멘터리 • 쇼트 픽션 제작 • 다큐멘터리, 픽션 애니메이션	
Fiction direction	• 워크숍 • 타분야와의 협동 프로그램	• 필름 제작의 기술 • 퍼포먼스와 텍스트의 해석	
Producing	• 스크립트 개발 능력과 편집 • 제작 기술 • 예산과 스케줄	• 제작 매니지먼트 • 음악과 사운드 • 마케팅, 세일즈, 전시	
Production for television entertainment	• 세계적인 텔레비전 엔터테인먼트 쇼 분석 • 프로그램 제작과정 • 아이디어 포맷 내용 창조 • 기술 발표 • 방법 리서치	• 아웃라인 그리기 • 사람경영, 재무관리 • 법적 이슈 • 멀티미디어 • 프로모션	
Production design	• Script to screen • 공상과 판타지 영화 디자인 • CAD 기초 • 다이나믹 이미지 • 스토리보딩 제작과 시각화	• 필름 제작 • 개인 프로젝트 • CAD와 시각화 • 코닥 커머셜 워크숍	
Screenwriting	• 영화와 TV 프로그램의 스토리텔링 • 제작을 위한 협동 • 타 전공의 이해 • Longer writing • 프로젝트 • 포트폴리오 완성		

ⓘ 호주 문화콘텐츠 교육현황

호주는 영국, 프랑스, 캐나다 등과 같이 정부 주도의 문화콘텐츠 산업 육성 정책 및 인력양성 정책을 추진하고 있다. 이는 문화콘텐츠 산업을 리드할 필요성과 함께 적극적인 인력양성 정책만이 글로벌 경쟁체제에서 우위를 점할 수 있을 것이라는 판단 때문이다. 호주는 연방 정부의 예산지원을 통한 직접적 지원뿐만 아니라 세금감면, 지역사회, 민간부문, 지적소유권 보호 등의 간접적 지원을 동시에 펼치고 있으며, 지방정부와 민간기업의 적극적인 투자 및 지원을 장려하고 있다.

호주는 또한 AFTRS(Australia Film Television Radio School)를 운영하여 전문적인 영화인력의 양성에 전폭적인 지원을 하고 있다. AFTRS는 영화산업의 핵심인력을 육성하는 석사급 인력양성 프로그램을 개발하여 운영함은 물론, 단기 과정을 통해 전문가 그룹과 기업체 종사자들을 교육하고 있다.

호주 문화콘텐츠 교육기관의 대표사례를 제시하면 다음과 같다. 먼저 Victorian College of the Arts(VCA)는 국립 멜버른대학교의 예술대학인데, 호주 예술의 중심지이자 멜버른의 심장부 Victorian Art Center 옆에 위치하고 있다. 호주 최고의 예술종합대학으로, 국립 AFTRS(Australia Film Television Radio School)와 함께 문화콘텐츠 인력양성의 양대 축을 형성하고 있다. 호주 정부는 일찍이 문화콘텐츠 산업, 특히 영상산업의 발전을 위해 기금을 마련하여 이곳에 다양한 교육 프로그램을 운영하고 있다.

VCA는 School of Film & Television, School of Drama, School of Creative Writing 등의 세 개의 학부로 구성되어 있다. 이들 가운데 School of Film & Television의 교육과정을 살펴보면, 1년차에서는 16mm 필름 기술을 비롯해 스크립트를 통한 실습을 하게 된다. 2년차에서는 단막 비디오를 제작하여 편집하는 과정을 배우고, 16mm 필름 기술을 숙련하게 된다. 또한 학년별로 스크린 Writing과 스크린 스터디에 참석하게 된다. 3년차에서는 필름이나 비디오를 위한 단막극을 쓰고 그것을 영화로 제작하게 된다. 이때 학생들은 Cinematography, Production Management, Editing 중 하나를 심화 전공할 수 있다.

Queensland University of Technology는 기술교육의 선두주자로서 학계와 산업계에 상당한 영향력을 미치고 있으며, 특히 문화콘텐츠 분야의 미디어 관련 학과는 학생들이 전문성을 갖출 수 있도록 영역별로 차별화된 교육 프로그램을 제공하고 있다. 이 학교에서 문화콘텐츠와 관련된 학부로는 Academy of the Arts와 School of Media & Journalism이 있다. School of Media & Journalism은 졸업 후 곧바로 전문적인 미디어 기업에 취업이 가능할 정도로 심도 있는 교육과정을 보유하고 있는 것으로 유명하며, 주로 필름과 프로그램 제작, 저널리즘과 미디어와 관련된 과정들을 개설하고 있다. 이 학교의 특이한 점은 학생들로 하여금 비즈니스와 법률 프로그램을 이중으로 전공할 수 있도록 개방하고 있다는 점이다. 예컨대 상법, 국제법, 특허법, 저작권법 등과 관련된 학습을 동시에 진행할 수 있도록 시스템을 구축하고 있다. 또한 교육, 인문, 과학 관련 프로그램도 이중으로 전공할 수 있도록 지원하고 있다. 이 학교의 Media and Journalism 학부의 주요 커리큘럼을 제시하면 〈표 3.11〉과 같다.

표 3.11 Media and Journalism 학부의 커리큘럼

영 역	커리큘럼	비 고
Production	• 미디어 Writing, 미디어 제작 • 영화사 • 영화와 텔레비전 언어 • 정보 제작, 미국영화 • 국제시네마 • 창의적 제작 • 미디어 비즈니스 • 멀티카메라 텔레비전 스튜디오 • 문서 이론과 실습 • 영화, 텔레비전의 드라마 실습 • 영화 드라마 제작	

표 3.11 Media and Journalism 학부의 커리큘럼(계속)

영 역	커리큘럼	비 고
Writing for Screen	• 미디어 Writing, Creative Writing 기초 • 미디어 제작, 정보제작, 창조적 제작 • 멀티카메라 텔레비전 스튜디오 제작 • 필름 텔레비전 드라마 실습 • 미디어 비즈니스 • 연극을 위한 글쓰기 • 어린이를 위한 글쓰기	
Multimedia	• 미디어 Writing, 미디어 제작 • 커뮤니케이션 디자인 기초 • 미디어 기술, 미디어 비즈니스 • 현재 미디어, 문서이론 실습 • 3D 애니메이션 • 음악 사운드 멀티미디어 • 문서제작, 인터렉션 디자인 • 인터페이싱 디자인	
Journalism	• 저널리즘 정보시스템 • 뉴스 Writing • 저널 Inquiry • 전략적 Speech • Creative 산업에서의 법적 분쟁 이슈 • 미디어 제작 • Feature 쓰기 • 라디오 텔레비전을 위한 저널리즘 • 출판과 편집 • 뉴스 제작	

ⓘ 일본 문화콘텐츠 교육현황

일본의 문화콘텐츠 산업 정책은 지방화에 역점을 두고 있으며, 기업과 협력하여 다양한 문화 활동과 산업의 활성화에 힘을 기울이고 있다. 실제로 1990년 예술문화진흥법에 의거하여 설립된 일본 예술문화진흥기금은 정부가 500억 엔, 기업이 100억 엔을 출연하여 총 600억 엔으로 운영하고 있다. 그리고 문화청은 문부성의 외청 형태로 편제되어 있으면서도 215개 기업이 참여한 일본기업메세나협의회를 결성하는데 주도적 역할을 하였다.

일본 문화콘텐츠 교육기관의 대표사례로는 동경대학 대학원과 동경커뮤니케이션 아트스쿨을 들 수 있다. 먼저 동경대학은 일본의 영화, 애니메이션, 방송, 게임 분야 등의 인력양성을 위해 2005년부터 대학원에 '콘텐츠 창조교육연구' 코스를 개설하고 본격적인 교육을 시작하였다. 일본은 세계 문화콘텐츠 시장의 10% 가량을 차지하고 있음에도 불구하고 미국에 비하면 상당한 격차가 있다. 또 후발주자들인 한국, 중국 등의 맹렬한 추격을 받고 있다. 이러한 상황에서 동경대학 대학원은 문화콘텐츠 강국을 실현하기 위해 연구중심의 코스를 개설하였다. 동경대학 대학원은 현장실무 인력이 아닌 전략, 기획 인력의 양성을 목표로 하고 있다. 그래서 실무나 기술 습득 중심의 대학과는 달리, 기술의 변화 방향과 사회적 반응, 비즈니스 방향성 등을 주로 연구하고 있다. 즉, 내용적 측면에서는 다분히 기술적인 것이라 하더라도 직접 이를 제작하거나 개발하는 것이 아닌, 기술을 어떻게 문화콘텐츠에 적용할 것인가,

그림 3.2 일본 동경대 전경

출처 : 네이버 백과사전

그것을 어떻게 상업화할 것인가 등을 연구하는 것이다. 동경대학 대학원의 '콘텐츠 창조교육' 코스의 세부 커리큘럼을 제시하면 〈표 3.12〉와 같다.

표 3.12 '콘텐츠 창조교육' 코스의 세부 커리큘럼

분 야	커리큘럼		비 고
디지털 콘텐츠 창조과학 강의	• 콘텐츠 제작이론 • 첨단 과학기술과 예술 표현론 • 콘텐츠 산업론	• 콘텐츠 전략론 • 콘텐츠 제작기술론 • 콘텐츠 법무, 재무	
엔터테인먼트 테크놀로지	• 가상현실 • 컴퓨터 그래픽스 • VR과 오감 정보통신 • 디지털 영상처리 • 아카이브 기술	• 콘텐츠 유통기술 • 콘텐츠 지각심리 • 제작 전시 프로듀스 • 인터페이스 디자인	
디지털 콘텐츠 창조과학 특론	• 고전연구 • 작품해석 • 애니메이션 제작의 이론과 실천	• 게임 프로듀서론 • 영화산업론 • 디지털미디어	
디지털 콘텐츠 창조과학 연구논문	• 국내 인턴십 • 해외 인턴십	• 제작, 마케팅 시뮬레이션 • 논문	

동경커뮤니케이션아트스쿨(Tokyo Communication Art School)은 애니메이션 분야에서 가장 뛰어난 설비와 기술로 업계를 리드하는 교육기관이다. TCA는 우리나라의 기능대학과 같은 전문학교로, 비즈니스 및 실생활에서 요구되는 지식, 기술, 기능의 습득을 주요한 목적으로 하고 있다. 대학 이상의 정규교육기관에 비해 입학전형이 까다롭지 않으며, 1년 3학기제로 2년간 또는 3년간의 교육과정으로 운영된다. TCA에는 디지털엔터테인먼트, 비주얼엔터테인먼트, 코믹엔터테인먼트 등 3개의 문화콘텐츠 관련 교육과정이 있고, 각각의 코스에는 5개 내외의 세부전공이 있어 다양한 진로를 설정할 수 있도록 했다.

이 학교의 커리큘럼상 특징은 현장실무형 인력을 육성한다는 점과, 기업과 밀착된 협력관계를 유지한다는 점이다. 교수진도 현장실무 경험이 뛰어난 80여 명의 전문가들로 구성되어 있으며, 각 영역의 강의와 실습 뿐 아니라 기업체 프로젝트도 기획단계부터 학생들과 같이 진행하는 독특한 방식을 유지하고 있다. 이 학교의 코스별 세부전공만 제시하면 〈표 3.13〉과 같다.

표 3.13 TCA의 코스별 세부전공

코 스	세부 전공	비 고
디지털엔터테인먼트	• 게임 프로그래머 • 게임 그래픽 & 캐릭터 • CG크리에이터 • 디지털영상편집 • 애니메이터	3년제
비주얼엔터테인먼트	• 그래픽디자인 • 캐릭터작가 • 일러스트레이션 • 잡지편집 • 각종 라이터(웹라이터, 카피라이터)	3년제
코믹엔터테인먼트	• 만화 • 코믹일러스트 • 주니어소설, 만화원작	3년제

6. 한국 문화콘텐츠학과의 나아갈 길

이상으로 미국, 영국, 호주, 일본 등 주요 선진국의 문화콘텐츠 교육 동향을 살펴보았다. 이를 토대로 해외 문화콘텐츠 교육의 특징과 한국 문화콘텐츠학과의 나아갈 길을 간략히 지적하면 다음과 같다.

우선 주요 선진국은 이미 오래 전부터 문화콘텐츠 산업의 중요성을 인식하고, 그것의 보호와 육성을 위한 정책적·법률적 지원의 근거를 마련해오고 있다. 특히 정부와 기업, 대학이 서로 협력하여 적극적인 인재양성을 통해 문화콘텐츠 산업의 국제 경쟁력을 강화하려 하고 있다. 그러므로 만약 우리가 문화콘텐츠산업의 핵심인재를 양성하는데 조금이라도 등한시한다면, 선진국과의 격차는 날이 갈수록 커질 수밖에 없을 것이다.

다음으로 해외 문화콘텐츠 교육기관들은 인문학, 예술학, 공학, 경영학 등이 조화를 이룬 통합적인 교육방법을 통해 창의적이고 전문적인 인재를 양성하려 하고 있다. 특히 그들은 각종 예술학이나 글쓰기 등 기초과목을 중시하며 대학 본연의 역할에 충실할 뿐 아니라, 마케팅 관련 과목들을 적절히 개설하여 비즈니스 감각도 동시에 키워주고 있다.

나아가 해외 문화콘텐츠 교육기관들은 다양한 콘텐츠 개발 프로젝트 수업을 통해 실무능력을 향상시켜주고 있다. 그들은 실무 중심의 교과목이 40% 이상을 차지하고, 그것도 대부분 산학협력 같은 기업과 연계된 프로젝트 수업을 운영하고 있다. 프로젝트 수업에 대해선 뒤에서 보다 자세히 고찰하고자 한다.

앞에서 살펴보았듯이 우리나라 문화콘텐츠 교육은 아직도 초보적인 수준을 면치 못하고 있다. 예컨대 체계적인 커리큘럼의 미비, 각 대학별 특성화와 전문화 부족, 이론과 실습의 부조화 등의 이유로, 양적 팽창에 비해 질적 수준은 여전히 취약한 상황이다.

원래 문화콘텐츠는 장기간의 투자가 필요하고 이론과 실제가 조화를 이루어야 한다는 점에서, 정부의 지원과 기업의 투자, 대학의 연구개발이 필수적으로 이루어져야 한다. 또한 우리나라도 주요 선진국처럼 지속적으로 새로운 교육 프로그램을 개발하여 이를 실제 수업에 적용하려 하고, 더 나아가 기존 학문과의 연계방안도 좀 더 적극적으로 모색해야 할 것이다.

4장

문화콘텐츠 교과교육론

문화콘텐츠는 21세기 디지털시대의 도래로 문화산업이 급격히 부각되면서 새로 태어난 응용학문이다. 그러므로 다양하고 세부적인 교과목과 새로운 교육방법의 개발이 절실히 필요한 상황이다.

이 책은 우선 시급한 과제인 인문학 기반의 문화콘텐츠 교과교육론에 대해 집중적으로 살펴본 것이다. 또한 고찰방법은 해당 교과목의 개요와 학습목표, 수업방법, 교재와 참고서, 수업내용, 기타 과제물과 성적 평가 등 일반적인 강의계획서 형식을 따르고 있다.

1. 문화콘텐츠학과 표준 커리큘럼

한국 문화콘텐츠가 제대로 뿌리를 내리기 위해서는 앞으로도 해결되어야 할 문제들이 대단히 많다. 그중에서도 특히 각 대학들이 참고할 수 있는 표준화된 커리큘럼의 개발이 다른 무엇보다 시급한 상황이다. 표준 커리큘럼의 미비로 인해, 각 대학 간 혹은 학부와 대학원 간의 호환이 잘 되지 않고 있는 실정이기 때문이다.

물론 그것의 가장 좋은 방법은 대학들이 자신들의 특성에 맞게 자율적으로 커리큘럼을 개발하는 것이다. 하지만 앞에서 검토했듯이 현재 우리나라 문화콘텐츠학과들은 각종 문화콘텐츠 장르와 전공 분야를 아우르는 체계적인 커리큘럼을 마련하지 못하고 있다. 그러므로 비록 부족하지만 이 자리에서 한국 문화콘텐츠학과의 표준 커리큘럼을 정립하여 나름대로 제시하고자 한다.

대개 문화콘텐츠학과는 각종 문화콘텐츠 산업에서 활동할 전문인력을 양성하기 위해 설립한 것이다. 이에 따라 문화콘텐츠학과의 필수 교과목은 인문이나 사회, 예술, 과학, 경영 등의 다양한 교양 함양, 각 분야별 문화콘텐츠 산업의 이해와 문화콘텐츠의 기획·개발·제작·판매 능력 함양, 기타 문화콘텐츠 관련 정책이나 법률, 교육의 이해 등을 들 수 있다.

또 학년별 커리큘럼의 구성은, 1학년 때에는 어학과 교양, 문화콘텐츠학의 기초, 문화콘텐츠 연구방법론 등을, 2·3학년 때에는 각종 문화콘텐츠의 기획·개발·제작·판매 등의 이해와 실제를, 4학년 때에는 현장체험과 취업 및 창업 준비 등을 중심으로 짜여져야 한다.

그와 함께 1학년 2학기 교과과정에 '전공 진로 지도'라는 과목을 두어, 학생들로 하여금 여러 가지 문화콘텐츠 장르와 전공 중에서 자신에게 알맞은 분야를 찾아 2학년 때부터 맞춤형 수업을 받도록 하면 좋을 듯하다. 이 과목은 각 분야별 문화콘텐츠 전문가를 초청하여 특강 형식으로 이루어지는 '팀 티칭'이 적합할 듯하며, 또 특강 후에도 지속적으로 학생들의 멘토(mentor) 역할을 부탁하면 어떨까 싶다.

나아가 2·3학년 때에는 '문화콘텐츠 기획 실습'이나 '산학협력 콘텐츠 개발 프로젝트' 등처럼 실습 과목들을 많이 듣도록 해야 하는데, 그렇다고 해서 명목상의 실습 과목이 되어서는 안 되고, 실제로 취업이나 창업을 하고자 할 때 확실한 도움이 되도록 해야 할 것이다.

또한 4학년 때에는 본격적으로 취업과 창업 준비를 위한 강의 및 현장체험, 실무에 필요한 정책이나 법률 등을 배울 수 있도록 해야 할 것이다.

다음으로 문화콘텐츠 대학원은 각종 문화콘텐츠의 연구와 교육, 생산을 담당할 고급인력 양성을 목표로 하고 있다. 그리하여 커리큘럼도 크게 학문적·정책적 측면의 전문가 양성과 실무적 측면의 전문가 양성 과정으로 나눌 수 있다. 특히 학문적·정책적 측면의 전문가 양성 과정의 경우, 앞의 동경대 대학원처럼 문화콘텐츠 실무나 기술 중심의 교육보다는, 기술변화의 트렌드나 사회적 반응, 전망 제시 등을 주로 연구할 수 있도록 해야 한다. 이 책에서도 역시 후자를 중심으로 문화콘텐츠 대학원의 표준 커리큘럼을 작성해 보았다.

대체로 문화콘텐츠 대학원 과정의 경우, 공통과목에선 문화콘텐츠의 기본적인 사항들에 대한 깊이 있는 강의를, 전공과목에선 문화콘텐츠의 연구와 교육 및 생산에 대한 기본과 실무 능력을 배양할 수 있도록 커리큘럼이 짜여야 한다.

이상과 같은 원리를 토대로 하여 특히 인문학에 기반한 문화콘텐츠학과와 대학원의 커리큘럼을 차례대로 제시하면 〈표 4.1, 4.2〉와 같다.

표 4.1 인문학 기반 문화콘텐츠학과 표준 커리큘럼

구분/학년	영 역	교과목	참고사항
기초공통 (1학년)	어 학	• 영어 • 제2외국어	
	교 양	• 글쓰기의 기초 • 한국인의 생활과 풍속 • 동양문화의 이해 • 서양문화의 이해 • 세계명작강독 • 민속과 영상 • 전공 진로 지도	• 창의력 향상을 위한 풍부한 교양 함양 • 영상자료를 통한 한국 민속의 이해
	문화 콘텐츠학 기초	• 문화콘텐츠의 이해 • 스토리텔링의 이해 • 문화콘텐츠 기획입문 • 문화콘텐츠 제작기술의 이해 • 문화콘텐츠 비즈니스 개론	특성화 대학의 경우, 특정 장르(매체)를 중심으로 개설할 수 있음. ㉑ 게임산업의 이해, 게임콘텐츠 기획 입문, 게임 제작기술의 이해 등
	문화 콘텐츠학 연구방법론	• 문화콘텐츠 비평론 • 문화콘텐츠 성공사례 분석 • 문화콘텐츠 트렌드 분석론 • 세계의 문화콘텐츠	
전공과목 (2·3학년)	기 획	• 창의적 아이디어 발상법 • 자료수집방법론 • 문화콘텐츠 기획론 • 문화콘텐츠 기획실습 • 프로듀서의 세계	특성화 대학의 경우, 특정 장르의 기획론을 중심으로 개설할 수도 있음. ㉑ 출판기획론, 애니메이션 기획론, 공연콘텐츠 기획론 등
	개 발	• 문화콘텐츠 스토리텔링 • 디지털 스토리텔링 • 한국문화와 콘텐츠 개발 • 지역문화와 문화콘텐츠 • 설화와 스토리텔링 • 동양문화와 콘텐츠 개발 • 서양문화와 콘텐츠 개발 • 산학협력 콘텐츠 개발 프로젝트 Ⅰ·Ⅱ • 시나리오 작법 • 스토리보드 작성법	특성화 대학의 경우, 특정 장르의 스토리텔링을 중심으로 개설할 수 있음. ㉑ 지역축제 스토리텔링, 가상현실 스토리텔링, 에듀테인먼트 스토리텔링 등

표 4.1 인문학 기반 문화콘텐츠학과 표준 커리큘럼(계속)

구분/학년	영 역	교과목	참고사항
전공과목 (2·3학년)	제 작	• 문화콘텐츠 제작론 • 문화기술(CT)론 • 문화콘텐츠 저작실습 I · II • 영상소품론 • 문화콘텐츠 연출론 • 매니지먼트론	특성화 대학의 경우, 특정 장르의 제작법을 중심으로 개설할 수 있음. ⑩ 디지털콘텐츠 제작론, 방송제작론, 영화제작론, 뮤지컬제작론 등
	판 매	• 문화콘텐츠 시장조사론 • 문화콘텐츠 비즈니스 • OSMU 마케팅 전략 • 글로벌마케팅 입문	특성화 대학의 경우, 특정 장르의 제작법을 중심으로 개설할 수 있음. ⑩ 출판마케팅론, 영상콘텐츠 마케팅론, 게임콘텐츠 해외마케팅론 등
전공과목 (4학년)	현장체험	• 문화콘텐츠 현장탐방 • 인턴십 I · II	
	취업 및 창업	• 문화콘텐츠 직업세계 • 포트폴리오 작성법 • 프리젠테이션 기술 • 문화콘텐츠 기업 연구 • 콘텐츠 1인 창조기업 • 리더십 강좌	
	정책, 법률, 교육	• 문화콘텐츠 정책론 • 저작권론 • 문화콘텐츠 교육론	

표 4.2 인문학 기반 문화콘텐츠 대학원 표준 커리큘럼

구 분	교과목	참고사항
공통과목	• 문화콘텐츠 이론과 실제 • 문화콘텐츠 세미나 • 문화콘텐츠 연구방법론 • 한류 연구 • 해외 문화콘텐츠 동향 • 졸업논문(작품) 지도	

구 분	교과목	참고사항
전공과목	• 문화콘텐츠 기획의 이론과 방법 • 문화콘텐츠 기획실습 • 스토리텔링론 • 인터랙티브 스토리텔링 • 문화콘텐츠 개발론 • 산학협력 콘텐츠 개발 프로젝트 Ⅰ·Ⅱ • 문화콘텐츠 제작론 • 문화기술 워크숍 Ⅰ·Ⅱ • 문화콘텐츠 마케팅 연구 • 문화콘텐츠 경영전략 • 문화예술 정책론 • 저작권론 • 문화콘텐츠 교육론 • 프로젝트 수업 지도론	특성화 대학원의 경우, 특정 장르와 전공 분야를 중심으로 좀더 세분화된 교과목을 개설할 수 있음

2. 인문학 기반의 문화콘텐츠 교과교육론

앞에서 언급했듯이 문화콘텐츠학은 이제 갓 태어난 신생아에 불과하다. 21세기 디지털 시대의 도래로 문화산업이 급격히 부각되면서 새롭게 태어난 학문, 특히 응용학문의 일종인 것이다. 때문에 지속적으로 다양하고 세부적인 교과목과 새로운 교육방법의 개발이 절실히 필요한 상황이다. 또한 이와 같은 인문학 기반의 문화콘텐츠 교육학뿐만 아니라 예술학, 공학, 경영학 기반의 문화콘텐츠 교육학에 대해서도 시리즈 형태로 계속 개발할 필요가 있다.

이 책에서는 선행연구사와 필자의 강의경험 및 연구성과를 토대로, 우선 시급한 과제인 인문학 기반의 문화콘텐츠 교과교육론에 대해 집중적으로 살펴보고자 한다. 이 책에서 대상으로 삼은 교과목은 〈문화콘텐츠의 이해〉, 〈문화콘텐츠 기획론〉, 〈스토리텔링의 이해〉, 〈설화와 스토리텔링〉, 〈국문학과 문화콘텐츠〉, 〈역사와 스토리텔링〉, 〈문화콘텐츠 마케팅론〉, 〈OSMU 마케팅 전략〉, 〈문화콘텐츠 직업세계〉, 〈문화콘텐츠 교육론〉, 〈문화콘텐츠 세미나〉 등이다. 그리고 고찰방법은 이들 교과목의 개요와 학습목표, 수업방법, 교재와 참고서, 수업내용, 기타 과제물과 성적평가 등 일반적인 강의계획서 형식으로 검토하고자 한다.

이상의 모든 교과목은 우선 문화콘텐츠에 대한 기본 지식을 습득하는 것으로부터 시작된다. 그리고 수업방법은 1·2부로 각각 나누어, 해당 교과목에 대한 이론과 실습을 병행할 수 있도록 하였다. 또한 각 교과목의 말미에 강의계획서를 도표로 정리하여 제시함으로써, 전체 내용을 한눈에 파악할 수 있도록 하였다. 강의계획서의 날짜는 매년 2학기 학사일정을 기준으로 설정했다는 점을 미리 밝혀둔다.

⚠ 문화콘텐츠의 이해

이 과목은 문화콘텐츠학의 입문과정으로, 문화콘텐츠에 대해 전반적으로 이해하기 위해 마련한 것이다. 이 과목에선 먼저 문화콘텐츠의 개념을 파악한 후 각종 문화콘텐츠의 동향에 대해 살펴본다. 그런 다음 하나의 콘텐츠를 개발하여 널리 활성화하는 방법, 곧 기획·개발·제작·판매 등에 대해 체계적으로 살펴본다. 기타 문화콘텐츠 관련 정책이나 법률, 교육 등도 간략히 살펴본다. 그리하여 장차 문화콘텐츠 전문가로 성장하기 위한 토대를 마련하는데 주요한 목적을 두고 있다.

이 과목의 수업방법은 교수의 강의를 위주로 하되, 학생들의 발표와 토론을 곁들이는 방식이 좋을 듯하다. 즉, 교수가 문화콘텐츠에 대해 전반적으로 설명해가면서, 도중에 학생들로 하여금 대표적인 사례들을 분석해서 발표하도록 하는 것이다.

우선 발표문은 각 분야별 문화콘텐츠에서 성공 혹은 실패 사례를 한두 가지씩 선정하여, 다음과 같이 서론 - 본론 - 결론의 형식을 갖추어 작성하도록 하면 된다. 문화콘텐츠 수업도 자유롭고 상상력을 중시하되, 나름대로 체계를 갖출 필요가 있기 때문이다.

문화콘텐츠 성공/실패 사례 분석법

- **서론**
  - 화두
  - 콘텐츠 소개
  - 연구 목적 및 방법
- **본론**
  - 기획·개발 단계 : 기획의도, 스토리텔링(캐릭터, 스토리, 영상미 등) 분석
  - 제작·판매 단계 : 제작과정, 연계상품(멀티유즈화), 홍보와 마케팅 방법, 고객반응, 수익률
- **결론**
  - 개발 효과 및 의의
  - 소감
- **부록**
  - 참고문헌
  - 관련 자료

필자의 경우, 학생들의 발표문은 대략 A4 10장 내외로 작성하도록 하고 있다. 또 그것을 다시 요약하여 파워포인트로 만들어 발표하고, 별도로 유인물도 만들어서 수강하는 학생 수만큼 복사하여 나눠주도록 하고 있다.

발표는 대략 50분을 기준으로 해서 발표 30분, 토론 10분, 총평 10분 등의 형식으로 진행하는데, 가급적 다양한 시청각 자료를 활용하여 최대한 흥미롭게 진행하도록 요구하고 있다. 이로써 학생들은 문화콘텐츠에 대한 전반적인 이해 뿐 아니라, 프리젠테이션 능력도 동시에 갖출 수 있으리라 본다.

이 수업을 위해 추천할 만한 교재와 참고서는 다음과 같다.

- 김만수, 『문화콘텐츠 유형론』, 글누림, 2006
- 김원제 외, 『문화콘텐츠 블루오션』, 커뮤니케이션북스, 2005
- 김평수, 『문화콘텐츠 산업론』, 커뮤니케이션북스, 2007
- 문화관광부 정책자문위원회, 『문화의 미래, 미래의 문화』, 2007
- 미디어문화교육연구회, 『문화콘텐츠학의 탄생』, 다할미디어, 2005
- 서동훈, 『문화콘텐츠의 이해』, 에듀컨텐츠, 2008
- 이상훈, 『디지털 기술과 문화콘텐츠 산업』, 진한도서, 2003
- 인문콘텐츠학회, 『문화콘텐츠 입문』, 북코리아, 2006
- 정창권, 『문화콘텐츠학 강의(깊이 이해하기)』, 커뮤니케이션북스, 2007
- ______, 『문화콘텐츠학 강의(쉽게 개발하기)』, 커뮤니케이션북스, 2007
- 최연구, 『문화콘텐츠란 무엇인가』, 살림, 2006
- 최혜실, 『방송통신 융합시대의 문화콘텐츠』, 나남, 2008

이밖에 문화콘텐츠학은 대중문화와 산업이 결합된, 즉 트렌드에 민감한 학문이므로, 인터넷을 통해 최근의 동향을 파악하는 것도 중요하다.

이 과목의 수업내용은 다음과 같이 크게 3단계로 구성된다.

먼저 1단계에선 문화콘텐츠에 대한 기본적인 지식들을 습득하는 것이다. 예컨대 문화콘텐츠의 출현배경을 비롯해서 개념, 범위, 특성, 사회적 관심, 전망 등을 차례대로 살펴보는 것이다. 바로 위에서 말했듯이 문화콘텐츠는 신종학문이라 이러한 선행학습이 반드시 필요하다. 이들에 대해서는 앞에서 자세히 이야기했으므로, 여기에서는 그만 생략하고자 한다.

다음으로 2단계에선 각 분야별 문화콘텐츠의 동향에 대해 차례대로 이해하는 것이다. 문화콘텐츠는 출판과 만화, 방송, 영화, 애니메이션, 게임, 캐릭터, 공연, 음반, 전시, 축제, 여행, 테마파크, 에듀테인먼트 등 다양한 매체를 포괄하고 있다. 그러므로 우선 문화콘텐츠 전반에 대한 통합적 인식체계를 갖출 필요가 있다.

문화콘텐츠의 동향은 해당 매체의 특성, 산업규모, 현황과 문제점 및 대안 등의 순서로 살펴보면 된다. 그와 함께 교수의 강의 도중, 학생들의 성공/실패 사례의 발표를 통해 그에 대해 보다 깊이 있게 이해하도록 한다. 그 대략적인 수업내용을 제시하면 다음과 같다.

출판과 만화는 여타 산업의 모체가 되는 중요한 원작산업이다. 하지만 21세기 디지털 시대의 도래로 매체가 다양해지면서 극심한 불황을 겪고 있는데, 정부에서는 하루빨리 원작산업의 중요성을 인식하고 다방면에 걸쳐 지원을 아끼지 말아야 할 것이다. 근래 문화콘텐츠, 특히 OSMU적 관점에서 출판의 성공 사례로는 〈귀여니 이야기〉와 〈해리포터〉 시리즈를, 만화의 성공사례로는 〈아기공룡 둘리〉와 〈신암행어사〉 등을 각각 들 수 있다.

방송과 영화는 요즘 누구나 쉽게 접할 수 있는 대중매체이다. 그러므로 좋은 콘텐츠만 있으면 그 어느 것보다 성공가능성이 큰 분야이다. 방송의 성공사례로는 〈겨울연가〉와 〈대장금〉 등을, 영화의 성공사례로는 〈태극기 휘날리며〉, 〈반지의 제왕〉, 〈왕의 남

그림 4.1 만화 〈신암행어사〉
출처 : 만화 〈신암행어사〉 4권 표지

자〉, 〈괴물〉 등을 각각 살펴볼 만하다.

애니메이션은 문화적 이질감이 적어 해외수출이 용이하고, 캐릭터나 게임, 테마파크 등 다른 산업과의 연계가 쉬워 부가가치가 아주 높은 편이다. 우리나라는 아직까지 선진국의 하청작업에서 크게 벗어나지 못하고 있지만, 창작능력만 제고한다면 고부가가치 산업으로의 전환은 언제든지 가능하다. 애니메이션의 성공/실패 사례로는 〈원더풀데이즈〉, 〈왕후 심청〉, 〈포켓몬스터〉, 〈뽀롱뽀롱 뽀로로〉 등을 들 수 있다.

게임은 이제 어린이와 청소년만이 아니라 어른들까지 즐기는 대중매체가 되었다. 그래서 시장규모가 수십 조 원대에 이르고 수출도 급성장하는 등, 21세기 또다른 전략산업으로 자리잡아가고 있다. 게임의 성공사례로는 〈바람의 나라〉, 〈리니지〉, 〈스타크래프트〉, 〈월드오브워크래프트〉, 〈파이널판타지〉, 〈위닝일레븐〉, 일본 닌텐도와 소니의 휴대용 게임 등을 들 수 있다.

캐릭터는 로열티를 축으로 한 고수익 산업이자 롱셀러가 가능한 그야말로 매력적인 산업이다. 그래서 선진국의 경우, 모든 문화콘텐츠의 수익모델을 캐릭터 라이센스에서 찾고 있다. 우리나라는 아직까지 미국과 일본에 비하면 미미한 수준이지만 하루가 다르게 발전하고 있다. 캐릭터의 성공사례로는 〈마시마로〉, 〈뿌까〉, 〈딸기〉 등을 살펴볼 만하다.

공연은 종류도 다양하고, 영상매체와 달리 바로 눈앞에서 펼쳐지는 현장감을 온몸으로 느낄 수 있다. 그래서 특히 뮤지컬의 경우, 잘만 만들면 10년 이상 장기공연을 할 수도 있고, 기타 영화나 음반, 캐릭터 등으로 연계하여 고수익을 올릴 수도 있다. 공연의 성공사례로는 〈명성왕후〉, 〈난타〉, 기타 연극이나 콘서트, 발레, 서커스, 창극, 마당극 등의 대표작을 들 수 있다.

음반(대중가요)도 잘만 만들면 좋은 콘텐츠가 될 수 있다. 요즘 음반은 다양한 분야에서 활용되며 커다란 부가가치를 올릴 수 있기 때문이다. 음반의

그림 4.2 가수 보아
출처 : 보아 공식 홈페이지

성공사례로는 가수 보아와 비, 박진영 등을 들 수 있다.

기타로 전시, 축제, 여행, 테마파크 등도 여가시간이 늘어나고 경제력이 상승하면서 또 하나의 고부가가치 산업으로 주목받고 있으며, 놀면서 공부한다는 새로운 방식의 교육콘텐츠인 에듀테인먼트(edutainment)도 교육열이 높은 한국사회에서는 충분히 성공가능성이 있는 분야이다.

이밖에 데이터베이스나 인터넷콘텐츠, 모바일, 가상세계, 광고 등도 한번쯤 주목해볼 만한 분야이다.

한편, 날이 갈수록 콘텐츠의 중요성이 더욱 부각되고 있다. 디지털 기술의 발달로 매체가 다양해지면서, 그 속을 채워줄 내용물이 문제가 되기 시작한 것이다.

대체로 콘텐츠는 기획 → 개발 → 제작 → 판매 등의 단계를 거쳐 세상에 나오곤 한다.

먼저 **기획단계**는 테마를 선정해서 각종 자료를 수집한 뒤, 시놉시스(synopsis)를 짜고 기획서를 작성하는 것을 말한다. 콘텐츠의 테마는 무궁무진한데, 우리 주위의 사소한 것에서부터 전문적인 분야에 이르기까지, 모든 것들이 테마가 될 수 있다. 또 단순한 아이디어를 가지고 콘텐츠로 개발하기 위해선 많은 양의 자료수집이 필요한데, 그래야만 콘텐츠가 재미있고 감동적이기 때문이다. 그와 함께 선행콘텐츠도 꼼꼼하게 조사해서 남과 다른 차별화 방안을 마련해야 한다. 이로써 자료수집이 끝나면, 비로소 작품의 개요인 시놉시스를 짜고, 더 나아가 앞으로 진행될 문화콘텐츠 개발기획서를 작성하게 되는데, 이에 대해서는 뒤에서 자세히 설명하고자 한다.

개발단계는 본격적인 스토리텔링, 특히 매체에 맞는 이야기하기를 말한다. 이야기는 콘텐츠의 필수적인 요소이다. 이야기가 없으면 어떤 콘텐츠도 만들 수 없으며, 또 이야기성이 부실하면 대중들에게 금방 외면당하고 만다. 뒤에서 보겠지만 스토리텔링의 방법은 크게 세 가지로 나눠지는데, 새로운 이야기를 만드는 창작과 기존 작품의 현대적 변용인 각색, 인기 있는 원작을 각각의 매체에 맞게 재활용하는 전환 등이 그것이다.

제작단계는 이야기를 하나의 온전한 콘텐츠, 곧 문화콘텐츠로 만드는 것을 말한다. 이야기를 문화콘텐츠로 만드는 방식은 매우 다양하다. 먼저 소설이나 만화, 어린이책, 인문서 등과 같은 출판물로 제작하거나, 그렇지 않으면 곧바로 방송이나 영화, 애니메이션, 게임 등 영상물로 제작할 수도 있다. 그와 함께 이젠 기획자나 스토리텔러도 문화콘텐츠 제작방법에 대해 충분히 이해하고 있어야 한다. 그래야만 이야기의 실현가능성을 높일 수 있고, 나아가 실무자들과 원활하게 문화콘텐츠를 제작할 수 있기 때문이다.

판매단계는 그러한 콘텐츠를 널리 활성화하는 단계로, 홍보와 마케팅 등이 이에 해당한다. 콘텐츠는 잘 만드는 것도 중요하지만, 그것을 제대로 알리고 파는 것도 매우 중요하다. 특히 최근 선진국은 하나의 뛰어난 콘텐츠를 가지고 널리 활용해서 고부가가치를 올리는, 이른바 '원소스 멀티유즈' 마케팅 전략을 펼치고 있다. 그러므로 이젠 우리나라도 기획단계부터 원소스 멀티유즈를 고려하고 콘텐츠 개발에 들어가야 할 것이다.

〈문화콘텐츠의 이해〉 강의계획서

▶ 과목개요

이 과목은 문화콘텐츠 입문과정으로, 문화콘텐츠에 대해 전반적으로 이해하기 위해 마련한 것임. 문화콘텐츠의 개념 파악부터 각 분야별 문화콘텐츠 동향, 콘텐츠 개발과정, 그밖에 문화콘텐츠 관련 정책이나 법률, 교육 등까지 두루 살펴봄.
 • 수업형태 : 교수의 강의, 학생들의 발표와 토론을 함께 진행함.

▶ 학습목표

장차 문화콘텐츠 전문가로 성장하기 위한 토대를 마련함.

▶ 수업자료

앞의 교재와 참고서 참조

▶ 주별 학습내용

주	기 간	강 의	발 표	비 고
1	9.1~9.6	강좌소개		
2	9.7~9.13	문화콘텐츠란 무엇인가?		.
3	9.14~9.20	각 분야별 문화콘텐츠 동향 : 1. 출판, 만화 분야	〈그놈은 멋있었다〉, 〈해리포터〉, 〈아기공룡 둘리〉, 〈신암행어사〉	
4	9.21~9.27	2. 방송, 영화 분야	〈겨울연가〉, 〈대장금〉, 〈왕의 남자〉, 〈반지의 제왕〉	
5	9.28~10.4	3. 애니메이션, 게임, 캐릭터 분야	〈원더풀데이즈〉, 〈뽀롱뽀롱 뽀로로〉, 〈리니지〉, 〈스타크래프트〉, 휴대용 게임, 〈마시마로〉, 〈뿌까〉, 〈딸기〉	
6	10.5~10.11	4. 공연, 음반 분야	〈난타〉, 〈명성왕후〉, 보아, 비	
7	10.12~10.18	5. 전시, 축제, 여행, 테마파크 분야	〈인체신비전〉, 〈함평나비축제〉, 농어촌 체험마을, 롯데월드, 에버랜드	
8	10.19~10.25	중간고사		
9	10.26~11.1	6. 디지털콘텐츠, 에듀테인먼트, 모바일 분야	문화원형 디지털콘텐츠 사업, 싸이월드, 세컨드 월드, 〈마법천자문〉, 〈신기한 스쿨버스〉, 모바일 게임	

주	기 간	강 의	발 표	비 고
10	11.2～11.8	콘텐츠 개발과정의 이해 : 1. 기획단계	송승환, 이수만, 박진영	
11	11.9～11.15	2. 개발단계	천명관, 〈올드보이〉 스토리보드	
12	11.16～11.22	3. 제작단계	이병훈, 강우석, CT의 세계	
13	11.23～11.29	4. 판매단계	〈스타워즈〉, 〈매트릭스〉, 〈괴물〉	
14	11.30～12.6	문화콘텐츠 정책, 법률, 교육 동향		
15	12.7～12.13	종합토론		
16	12.14～12.20	기말고사		

▶ **성적평가**
- 성적평가는 시험(30%), 발표(30%), 리포트(20%), 출석 및 수업참여도(20%) 등을 토대로 산정함.
- 평가기준은 창의성과 성실성, 체계성 등임.

마지막으로 3단계에선 이상의 논의를 토대로 종합토론을 실시하는 것이다. 학생들과 더불어 문화콘텐츠의 현황과 문제점 및 나아갈 방향 등에 대해 종합적으로 토론해봄으로써, 장차 문화콘텐츠 전문가로서 활약할 수 있는 기반을 마련해주도록 한다.

이 과목에서 학생들에게 부여할 수 있는 과제물로는 위에서처럼 각 분야별 문화콘텐츠의 성공/실패 사례 분석과 발표, 문화콘텐츠 업체의 현장탐방 보고서, 최근 유행하는 문화콘텐츠의 관람이나 체험, 국내외 문화콘텐츠 산업의 정책과 전망 조사 등을 들 수 있다.

필자의 경우, 이 과목에 대한 평가는 창의성과 성실성, 체계성을 토대로 산정하고, 비율은 시험(30%), 발표(30%), 리포트(20%), 출석 및 수업참여도 (20%)를 기준으로 하고 있다. 특히 학부에서는 수업에 얼마나 진지하게 임하는가를 우선적으로 보고 있으며, 보통 중간고사는 치루지 않고 발표로 대체하는 편이다.

ⓘ 문화콘텐츠 기획론 : 문화콘텐츠 기획입문, 문화콘텐츠 발상과 기획

이 과목은 문화콘텐츠 기획의 이론과 실제, 곧 문화콘텐츠 기획에 대한 기본 지식을 습득하고, 자신만의 전문 분야별로 한 가지씩 테마를 선정하여 실제로 기획을 해보는 것이다.

앞에서 말했듯이 일반적으로 문화콘텐츠는 기획 → 개발 → 제작 → 판매 단계의 과정을 거쳐 세상에 나온다. 〈문화콘텐츠 기획론〉은 그중에서 기획단계를 중점적으로 학습하는 것으로, 주로 테마선정과 자료수집, 시놉시스 짜기, 기획서 작성법 등을 배운다. 그리하여 창의적이고 전문적인 각종 문화콘텐츠 기획자를 양성하는데 주요한 목적을 두고 있다.

원래 문화콘텐츠 기획이란 독특한 아이템을 찾아서 작품화하는 것으로, 프리 프로덕션(사전 제작) ─ 프로덕션(제작) ─ 포스트 프로덕션(후반 제작) 가운데 프리 프로덕션에 해당된다 하겠다.

그런데, 요즘 기획자들은 단순히 테마선정만이 아니라, 그 이후의 개발과 제작, 판매 단계까지 관여하는 총괄자로서의 역할을 담당하고 있다. 예를 들어 영화 기획자, 곧 영화 프로듀서의 경우, 기획단계에선 전체적인 계획 수립과 판권 획득, 감독과 작가 및 배우 교섭, 투자유치 등을 하며, 제작단계에선 촬영 상황을 점검하면서 예산을 관리하고, 완성단계에서는 편집과 개봉준비, 배급, 홍보와 마케팅 등까지 담당하고 있다. 그러므로 문화콘텐츠 기획자는 경험이나 연륜이 충분히 쌓여야 할 수 있다. 즉, 모든 과정을 두루 알고 있어야 한다는 것이다. 실제로 출판기획자의 경우, 편집과 마케팅 등의 부서에서 10여년 정도 경험을 쌓은 뒤에 기획을 하도록 권고하고 있다.

이 과목의 수업방법은 이론과 실제의 조화가 매우 중요하다. 매주 수업을 1, 2부로 나눈 채, 1부에선 교수의 이론 강의를, 2부에선 학생들의 실습, 특히 프로젝트 수업을 중심으로 각각 진행하게 된다. 또한 학생들의 경우, 이론편에 선 각종 회사에서 추진한 적이 있는 문화콘텐츠 개발 기획서를 입수하여 철저히 분석, 발표함으로써 현장의 실무능력을 키우고, 또 마치 국문학 전공의 작가론 수업처럼 문화콘텐츠 현장에서 활동하고 있는 유·무명의 프로듀서를 찾아가, 그들의 존재와 역할, 조건, 전망 등을 상세히 인터뷰하여 발표함으로써 '팔방미인'격인 프로듀서의 세계를 미리 체험토록 한다. 나아가 실습편에선 팀을 나누어 공동으로 문화콘텐츠 기획 프로젝트를 진행해봄으로써 장차 취업이나 창업 등 사회활동에 필요한 리더십과 협동심, 책임감을 함양토록 한다.

이 과목에 적합한 교재와 참고서는 아직까지 별로 없는 형편인데, 그나마 한번쯤 참고해볼 만한 것들을 제시하면 다음과 같다.

- 김국태, 『대중문화와 문화기획』, 글누림, 2005
- 김승종, 『창의적 발상과 문화 콘텐츠 작법』, 글누림, 2006
- 김영애, 「문화콘텐츠 산업의 기획」, 『인문콘텐츠』 창간호, 인문콘텐츠 학회, 2003
- 김현, 『지역문화와 디지털 콘텐츠』, 북코리아, 2008
- 박진규, 『지역문화와 축제』, 글누림, 2005
- 이윤선, 『민속문화 기반의 문화콘텐츠 기획론』, 민속원, 2006
- 정창권, 『문화콘텐츠학 강의(쉽게 개발하기)』, 커뮤니케이션북스, 2007
- 조윤아, 『지역문화와 디지털 콘텐츠』, 한국학술정보, 2007

- 허정아, 『디지털 시대의 문화콘텐츠 기획』, 연세대학교 출판부, 2006

이 과목의 수업내용은 크게 1·2부로 나뉘어 전개되는데, 그 주요한 사항들을 제시하면 다음과 같다.

1부 이론편에선 먼저 문화콘텐츠의 이해, 곧 앞에서처럼 문화콘텐츠의 출현배경을 비롯해서 개념 파악, 범위 설정, 사회적 관심, 세계적 동향, 산업적 특성 등을 개괄적으로 살펴본다. 또 기획·개발·제작·판매 등 문화콘텐츠 개발과정에 대해서도 간략히 살펴본다.

또한 스토리텔링 일반론, 곧 스토리텔링의 중요성과 개념, 유형, 방법, 국내외 동향 등에 대해서도 간략히 살펴본다. 날이 갈수록 기획자들에게도 스토리텔링 능력이 중요해지고 있기 때문이다.

그런 다음 본격적으로 문화콘텐츠 기획에 관한 기본적인 지식들을 쌓아가기 시작한다.

대개 문화콘텐츠는 테마선정, 곧 소재나 콘셉트 찾기부터 시작된다. 특히 문화콘텐츠는 참신하고 독특한 테마선정이 작품의 성패를 좌우한다고 해도 과언이 아닐 정도로 매우 중요하다.

문화콘텐츠의 테마는 무궁무진하다. 우리 주위의 사소한 것에서부터 전문적인 영역에 이르기까지, 모든 것들이 테마가 될 수 있다. 대개 문화콘텐츠의 테마는 전통문화와 현대문화, 기타로 나눌 수 있다. 전통문화는 문학, 설화, 어학, 역사, 각종 분야사(물건사, 의학사, 교육사, 생활사, 여성사, 가족사, 전쟁사, 탐험사, 동식물사, 문명교류사, 종교사, 사상사, 연희사) 등을, 현대문화는 우리 주변에서 흔히 겪을 수 있는 사랑, 살인, 화재, 사고, 사망, 질병, 실직, 기후, 재난, 전쟁 등을, 기타로는 스포츠, 교육, 요리, 과학, 탐험, 공상과학 등을 예로 들 수 있다.

테마선정 후에는 어떤 유형의 문화콘텐츠를 만들 것인지 장르설정을 해야한다. 장르설정도 매우 중요하다. 왜냐하면 그것이 어떤 장르냐에 따라 개발목적과 방향이 달라지고, 또 활용 방안도 달라지기 때문이다. 예컨대 영화의 경우 그것이 멜로인가, 액션인가, 스릴러인가에 따라 작품이 전달하는 메시지는 물론, 주연배우의 선정이나 흥행에도 많은 영향을 끼치는 것이다.

트렌드, 곧 유행을 파악하고 이를 작품에 적절히 반영하는 것도 중요하다. 대중문화는 말 그대로 대중이 즐기는 문화이다. 그러므로 당시의 시대상황이나 대중의 관심사를 잘 반영해주어야 한다.

또한 하나의 문화콘텐츠를 개발하기 위해선 굉장히 많은 양의 자료수집이 필요하다. 예를 들어 테니스를 주제로 한 영화를 만든다고 하자. 그럼 테니스에 관한 여러 가지 전문서적과 참고서를 보아야 하고, 전문 선수와의 인터뷰나 직접적인 체험도 해보아야 한다. 그래야만 영화가 재미있고 감동적이기 때문이다. 보통 자료수집의 대상은 인터넷과 도서, 논문, 인터뷰, 현장답사 등이 있고, 그 종류는 문헌자료와 시각자료, 청각자료 등이 있다.

자료수집 때에는 선행 혹은 유사 콘텐츠도 철저히 조사할 필요가 있다. 혹시라도 자신의 아이디어가 이미 개발되어 시중에 나와 있거나 현재 누군가 개발하고 있다면, 애써 작업한 것들이 모두 헛수고로 돌아갈 수도 있기 때문이다. 또한 선행(유사) 콘텐츠를 조사할 때는 국내외에 나와 있는 영화나 방송, 애니메이션, 게임, 캐릭터, 출판물 등을 최대한 많이 수집해서 장단점을 분석한 후, 자신만의 독창적인 개발방안을 마련해야 한다.

자료수집 후에는 시놉시스(synopsis), 곧 작품개요를 짜야 한다. 대개 시놉시스는 ① 주제, ② 기획의도, ③ 등장인물, ④ 줄거리 등을 요약적으로 기술하면 되는데, 그 내용을 도표로 처리해서 설명하면 다음과 같다.

시놉시스 짜는 법

① 주제는 작품 내용을 한마디로 표현한 것을 말하는데, 보통 이것을 가져다가 제목으로 쓰곤 한다.

② 기획의도는 가장 중요한 부분으로, 이 작품의 개발 동기나 목적, 필요성 등을 진술한다.

③ 캐릭터, 곧 등장인물은 머릿속에 선명히 떠오르도록 표현해야 하는데, 작품의 주연과 조연, 적대자, 단역 등의 순서로 이름과 나이, 외모, 성격, 습관, 작품 내의 역할과 내용 등을 차례대로 소개하면 된다.

④ 스토리라인, 곧 줄거리는 인물들이 펼치는 주요한 사건들을 처음과 중간, 끝의 순서대로 요약적으로 기술하면 된다.

이렇게 해서 시놉시스 짜기까지 마쳤다면, 끝으로 문화콘텐츠 개발 기획서를 작성해야 한다. 시놉시스가 단순한 내용 소개서라면, 기획서는 문화콘텐츠 개발과 제작, 판매 방안까지 보여주는 전체적인 설명서이다. 기획서 작성법은 각 분야별 문화콘텐츠 업계에 따라 매우 다양하나, 일반적으로 대학에서 사용하는 문화콘텐츠 개발 기획서의 형식을 도표로 제시하면 다음과 같다.

도표처럼 대학에서의 문화콘텐츠 개발 기획서는 기획서 형식으로 작성하되, 가급적 서론 – 본론 – 결론의 형식을 갖추어 제시할 필요가 있다. 대학은 창조적이고 다양성을 띠되, 엄정하고 체계적인 학문을 하는 곳이기 때문이다. 또 대학원 과정에서라면 이를 좀더 구체적이고 검증이 가능하도록 해서, 나중에 한편의 논문으로 제출할 수도 있게 해야 한다.

그와 함께 위에서 말했듯이 학생들로 하여금 각종 회사에서 실제로 추진한 적이 있는 문화콘텐츠 개발 기획서를 입수하여 철저히 분석해봄으로써, 현장

문화콘텐츠 개발 기획서 작성법

- 서론 　• 제목
　　　　　• 개발 목적과 필요성
- 본론 　• 개발 내용 및 방법
　　　　　• 개발 인원과 일정 및 소요예산
　　　　　• 홍보와 마케팅, 멀티유즈화 전략
- 결론 　• 기대효과와 개발의의
- 부록 　• 참고자료, 트리트먼트

의 실무능력을 키워줄 필요가 있다.

한편, 요즘 기획자는 문화콘텐츠 개발 프로젝트의 처음부터 끝까지 총괄하는 역할을 맡고 있다. 그러므로 학생들은 다양한 문화콘텐츠 기획자, 곧 프로듀서의 세계에 대해서도 함께 이해할 필요가 있다. 여기서는 대표적인 문화콘텐츠를 중심으로 그들의 존재와 역할에 대해 간략히 살펴보자.

먼저 출판 기획자는 각종 출판물의 기획마케팅 전문가로서, 시장상황이나 독자요구의 분석에서부터 작가 섭외, 편집과 디자인, 제작, 홍보와 마케팅 등에 이르기까지 출판의 전 과정을 책임지는 역할을 담당한다.

영화 기획자는 앞에서처럼 영화의 기획과 개발에서부터 제작, 홍보와 마케팅에 이르기까지 전반적인 과정을 책임지는 사람이다.

애니메이션 기획자는 시장조사를 통해 적절한 아이템을 찾고 개발 기획안을 작성하며, 관련자들과의 회의를 통해 제작 기간과 비용, 인력구성 등을 비롯한 구체적인 제작과정을 계획한다.

게임 기획자는 각종 게임용 소프트웨어 제작과 관련된 사항들을 총괄적으로 지휘하고 감독하는 사람이다. 이들은 우선 시장조사를 통해 소비자들이 좋

아하는 게임이 무엇인지 파악하고, 새로운 게임을 위한 아이디어를 구성할 뿐
아니라 이에 대한 구체적인 기획안을 작성한다. 그런 다음 게임의 장르와 대
상층, 난이도, 각종 캐릭터의 역할과 특징, 기본적인 스토리전개 등을 설정하
고, 그래픽 디자이너나 프로그래머와 함께 본격적으로 게임을 제작한다. 또
제작이 완료되면 게임의 홍보와 마케팅, 배급 등에 대한 구체적인 계획을 수
립하고 실행한다.

캐릭터 기획자는 캐릭터 개발의 전 과정을 계획하고 관리하는 사람이다.
이들은 디자이너와 함께 캐릭터의 기본적인 콘셉트와 디자인, 스토리 등을 기
획하고, 그 캐릭터의 시장 가능성을 객관적으로 평가한다. 또 여기서 결정된
사항들을 가지고 캐릭터의 제작과 유통까지의 전 과정을 총괄한다.

공연 기획자는 공연의 시작부터 끝까지 전체적인 사항을 조절하고 관리하
는 사람이다. 이들은 대개 공연의 테마
를 선정한 뒤, 제작을 위한 스태프를 짜
서 한편의 이야기를 무대에 올린다. 또
한 조명과 의상, 음악 등 전체적인 분위
기를 설명하며 작품의 성격을 전달하는
총지휘자로서의 역할도 수행한다. 나아
가 기획자로서의 업무를 더욱 확대하여
홍보와 마케팅까지 담당한다.

2부 실습편에선 학생들이 팀을 나누어
문화콘텐츠 기획에 관한 공동 프로젝트를
진행해보는 것이다. 문화콘텐츠학은 일종
의 응용학문이므로, 이러한 실습을 자주
해보는 것이 중요하다. 2부 실습편은 크

그림 4.3 가수이자 프로듀서인 박진영
출처 : 〈머니투데이〉 스타뉴스

게 3단계에 걸쳐 진행된다.

먼저, **준비단계**에서는 먼저 문화콘텐츠 기획 관련 프로젝트에 대해 소개하는데, 프로젝트 수업의 취지나 목적, 방법 등에 대해 간략히 설명한다. 그리고 창의적 발상을 통해 프로젝트의 테마(소재, 콘셉트)와 매체를 선정한다. 보통 프로젝트의 테마는 학생들이 자율적으로 선정하도록 하는 편이나, 때로는 필자가 미리 선정한 주제를 가지고 함께 진행하기도 한다. 또한 이때 프로젝트 진행을 위한 팀 구성을 하기도 한다.

실행단계에서는 그러한 테마에 따라 본격적인 자료조사에 들어가는데, 앞에서처럼 원문과 연구성과, 선행콘텐츠 등을 최대한 풍부하게 조사한다. 그리고나서 많은 고민과 토론 과정을 거친 뒤, 비로소 시놉시스 곧 기획의도, 캐릭터와 스토리라인, 멀티유즈화 방안, 진행일정표 등을 짜기 시작한다. 그리하여 각 팀별로 중간발표를 실시하도록 한다.

이후 학생들은 브레인스토밍(brainstorming: 아이디어를 서로 내는 학습·회의 방법)을 통해 문화콘텐츠 기획을 보다 구체적으로 해나간다. 예컨대 이야기 창작인 스토리텔링, 개발 인원과 일정 및 소요예산 등의 제작방안, 홍보와 마케팅 및 배급 등의 판매방안을 마련한다.

발표 및 평가 단계에서는 이상과 같은 내용들을 토대로 문화콘텐츠 개발 기획서를 작성하고 PPT로 제작한 다음, 각 매체별로 유형을 나누어 그러한 기획서를 차근차근 발표해나간다. 그리하여 문화콘텐츠 기획 방법뿐 아니라 기획서 작성법, 프리젠테이션 능력 등도 동시에 갖출 수 있도록 한다.

이 과목에서 학생들에게 부여할 만한 과제물로는, 앞에서처럼 문화콘텐츠 개발 기획서 수집과 분석, 프로듀서와의 인터뷰 및 보고서 작성, 문화콘텐츠 개발 기획서 작성과 발표 등을 들 수 있다.

또한 이 과목에 대한 성적평가는 시험(20%), 사례발표(20%), 실습 - 중간발표, 기말발표(40%), 출석 및 수업참여도(20%)를 기준으로 산정하면 될 듯하다.

마지막으로 이 과목에 대한 필자의 강의계획서를 제시하면 다음과 같다.

〈문화콘텐츠 기획론〉 강의계획서

▶ 과목개요

이 과목은 문화콘텐츠 기획의 이론과 실제를 터득하기 위해 마련한 것임. 즉, 문화콘텐츠 기획에 대한 기본 지식들을 습득하고, 자신만의 전문 분야별로 하나씩 테마를 선정하여 실제로 기획을 해보는 것임.

• 수업형태 : 이론(강의, 발표)과 실습(프로젝트)의 조화

▶ 학습목표

창의적이고 전문적인 문화콘텐츠 기획개발자 양성

▶ 수업자료

앞의 교재와 참고서 참조

▶ 주별 학습내용

주	기 간	강 의	발 표	비 고
1	9.1~9.6	강좌소개		
2	9.7~9.13	문화콘텐츠의 이해	1. 준비단계 : 프로젝트 소개 - 목적과 방법 등	
3	9.14~9.20	스토리텔링 일반론	창의적 발상 - 테마 및 매체 선정. 팀구성	
4	9.21~9.27	문화콘텐츠 기획론 : 1. 테마 선정법	2. 실행단계 : 자료조사 (원문, 연구성과, 선행 콘텐츠 등) I	
5	9.28~10.4	2. 장르설정과 트렌드 분석법	〃 II	
6	10.5~10.11	3. 자료수집법 - 문헌, 시각 및 청각 자료, 선행 콘텐츠 등	시놉시스 짜기(기획의도, 캐릭터와 스토리라인, 멀티유즈화 방안, 진행일정표)와 중간발표 I	

주	기 간	강 의	발 표	비 고
7	10.12~10.18	4. 시놉시스, 문화 콘텐츠 개발 기획서 작성법	〃 Ⅱ	
8	10.19~10.25	중간고사		
9	10.26~11.1	각 분야별 문화콘텐츠 개발 기획서 사례분석(수집, 발표) : 1. 미디어 분야(방송, 영화, 애니, 게임, 디지털콘텐츠 등)	스토리텔링 – 초벌쓰기 (뎃생작업)	
10	11.2~11.8	2. 라이브 분야(출판, 공연, 전시, 축제, 여행, 테마파크 등)	스토리텔링 – 재벌쓰기 (세부작업, 트리트먼트 형식)	
11	11.9~11.15	3. 기타 분야	제작방안 – 개발 인원과 일정, 예산 등	
12	11.16~11.22	프로듀서의 세계 (현장 인터뷰, 발표) : 1. 미디어 분야	판매방안 – 홍보와 마케팅, 배급 등	
13	11.23~11.29	2. 라이브 분야	3. 발표 및 평가 단계 : 최종보고서 작성과 PPT 제작 및 프리젠테이션 Ⅰ	
14	11.30~12.06	3. 기타 분야	〃 Ⅱ	
15	12.07~12.13	종합토론		
16	12.14~12.20	기말고사		

▶ 성적평가
• 성적평가는 시험(20%), 사례발표(20%), 실습 – 중간발표, 최종보고서 발표(40%), 출석 및 수업참여도(20%) 등을 토대로 산정함.
• 평가기준은 창의성과 성실성, 체계성 등임.

⚠ 스토리텔링의 이해 : 스토리텔링론

최근 들어 스토리텔링(storytelling)이 한창 뜨고 있다. 21세기 디지털 시대의 도래로 다양한 전달매체, 곧 문화콘텐츠가 발달하면서 그것의 핵심기술인 스토리텔링이 새롭게 주목받고 있다. 나아가 스토리텔링은 광고나 상품, 브랜드, 마케팅, 기업경영 등 비즈니스 분야뿐 아니라 음식과 복식, 건축, 농어촌(농수산물), 제조업(공산품), 서비스업 등 일상생활 속에서도 활용되고 있다. 앞으로도 스토리텔링을 필요로 하는 분야는 더욱 늘어날 것이고, 21세기엔 스토리텔링이야말로 가장 고부가가치 산업이 될 것이다.

이 과목은 그처럼 중요한 스토리텔링의 이해와 활용 능력을 향상시키기 위해 마련한 것이다. 그리하여 각종 문화콘텐츠, 비즈니스, 일상생활 분야의 전문적인 스토리텔러를 양성하는 데 주요한 목표를 두고 있다.

이 과목의 수업방법도 이론과 실습의 조화가 매우 중요하다. 대체로 매주 수업을 1, 2부로 나눈 채, 1부에선 교수의 이론 강의를, 2부에선 학생들의 실습을 중심으로 각각 진행하면 좋을 듯하다. 또한 이론편에서도 교수의 강의뿐 아니라 학생들의 사례 발표를 통해 스토리텔링에 대해 보다 다양하고 깊이 있게 이해할 수 있도록 한다.

이 수업을 위해 추천할 만한 교재와 참고서는 다음과 같다.

- 고은미, 『문화콘텐츠와 스토리텔링』, 신아출판사, 2006
- 김민주, 『성공하는 기업에는 스토리가 있다』, 청림출판, 2003
- 김영한, 『스토리로 승부하라』, 새빛에듀넷, 2008
- 김의숙 외, 『문학콘텐츠와 스토리텔링』, 역락, 2005
- 김훈철, 『브랜드 스토리텔링의 기술』, 멘토르, 2008
- 류수열 외, 『스토리텔링의 이해』, 글누림, 2007

- 리처드 맥스웰, 전행선 옮김, 『5가지만 알면 나도 스토리텔링 전문가』, 지식노마드, 2008
- 마이클 티어노, 김윤철 옮김, 『스토리텔링의 비밀』, 아우라, 2008
- 브라이언 아놀드, 이윤진 옮김, 『비주얼 스토리텔링』, 커뮤니케이션북스, 2007
- 송정란, 『스토리텔링의 이해와 실제』, 문학아카데미, 2006
- 아네트 시몬스, 김수현 옮김, 『스토리텔링(대화와 협상의 마이더스)』, 한언, 2001
- 앤드류 글래스너, 김치훈 옮김, 『인터랙티브 스토리텔링』, 커뮤니케이션북스, 2006
- 이인화·고욱 외, 『디지털 스토리텔링』, 황금가지, 2003
- 이장우, 『스토리텔링 경영전략』, 법문사, 2009
- 자넷 머레이, 한용환 외 옮김, 『인터랙티브 스토리텔링』, 안그라픽스, 2001
- 정창권, 『문화콘텐츠 스토리텔링』, 북코리아, 2008
- 조은하 외, 『스토리텔링』, 북스힐, 2006
- 조은하, 『디지털 스토리텔링』, 북스힐, 2008
- 조태남, 『문화콘텐츠와 스토리텔링』, 경남대학교출판부, 2008
- 최예정·김성룡, 『스토리텔링과 내러티브』, 글누림, 2005
- 최혜실, 『문화산업과 스토리텔링』, 다할미디어, 2007
- ＿＿＿＿, 『문화콘텐츠, 스토리텔링을 만나다』, 삼성경제연구소, 2006
- 캐롤린 핸들러 밀러, 이연숙 외 옮김, 『디지털미디어 스토리텔링』, 커뮤니케이션북스, 2006

- 클라우스 포그, 황신웅 옮김, 『스토리텔링의 기술 : 어떻게 만들고 적용할 것인가』, 멘토르, 2008

위에서처럼 이 과목의 수업 내용도 1부 교수의 이론 강의와 2부 학생들의 실습으로 각각 나뉘어 전개되는데, 그것들의 주요한 수업 사항들을 제시하면 다음과 같다.

1부 교수의 이론 강의는 크게 전·후반부로 나뉘어 진행된다. 전반부에선 우선 앞의 〈문화콘텐츠 기획론〉에서처럼 문화콘텐츠에 대해 개괄적으로 살펴볼 필요가 있다. 스토리텔링을 하기 위해선 매체, 곧 문화콘텐츠의 특성에 대해 충분히 알고 있어야 하기 때문이다. 또 요즘 스토리텔러들은 혼자서 활동하는 것이 아니라, 각 분야의 전문가들과 함께 활동하기 때문이다.

그런 다음 스토리텔링 일반론에 대해 차례대로 살펴본다. 예컨대 앞의 이론적 배경에서 설명했듯이 스토리텔링의 중요성과 부각 배경, 개념 파악, 유형, 선진국의 스토리텔링 전략, 한국의 스토리텔링 동향을 5~6주에 걸쳐 체계적으로 살펴보는 것이다. 특히 스토리텔링의 유형, 곧 존재양상은 학생들의 사례 발표를 통해 좀더 자세히 살펴볼 필요가 있다.

후반부에선 스토리텔링의 방법을 '이야기 기획하기 → 자료수집과 이야기 모양 만들기 → 캐릭터 설정하기 → 스토리 짜기 → 이야기 확장하기' 등과 같이 각 과정별로 차근차근 살펴본다.

먼저, **이야기 기획하기**에서는 상상력을 최대한 발휘하여 자신만이 좋아하는 테마, 곧 소재와 콘셉트를 선정한다. 또 어떤 유형의 이야기를 만들 것인지 그것의 장르와 매체도 결정한다.

자료수집과 이야기 모양 만들기에서는 광범위한 자료수집과 함께 선행 콘텐츠도 조사한다. 그리고는 작품의 개요인 시놉시스와 이야기 모양도 도표 형식으로 작성한다.

캐릭터 설정하기에서는 주인공, 조연, 적대자, 단역 등으로 나누어, 그야말로 개성적으로 캐릭터들을 설정한다. 그와 함께 캐릭터 프로필과 그들 사이의 관계도 및 가상의 배우 캐스팅까지 해본다.

스토리 짜기에서는 이상과 같은 것들을 토대로 차근차근 사건을 꾸며내고 대략적인 묘사를 덧붙이며 본격적인 초고작업을 해나가기 시작한다. 대개 스토리는 철저한 갈등의 표현이며, 도입-중간-결말 같은 3단 구성이나 기-승-전-결 같은 4단 구성을 취하곤 한다. 그런 다음 꼬리에 꼬리를 물고 이어지는 형식으로 장면전개를 해나가면 된다. 대개 스토리는 전체적인 뼈대만이 아니라 세부적인 장면묘사와 대사사용 등까지도 잘 짜여 있어야 한다. 끝으로 거기에다 주제설정과 제목달기를 하면 된다.

이야기 확장하기에서는 그러한 이야기를 토대로 하나의 온전한 콘텐츠를 제작해서 널리 활성화하는 것이다. 이야기를 콘텐츠로 제작하는 방식은 매우 다양한데, 앞에서 지적했듯이 소설이나 동화, 만화 같은 출판물로 제작하거나, 영화나 드라마, 애니메이션, 게임 같은 영상물로 곧장 제작할 수도 있다. 또한 제작방법도 자비(自費)로 제작하거나 인터넷 사이트를 이용하며, 관련 회사에 제작을 직접 의뢰할 수도 있다.

다음으로 2부 학생들의 실습은 프로젝트 형식으로 진행되는데, 개인 혹은 팀을 짜서 스토리텔링 작업을 직접 수행해보는 것이다. 2부 수업은 크게 '준비단계 → 실행단계 → 발표 및 평가 단계' 등 3단계로 나누어 전개된다.

먼저, **준비단계**에서는 스토리텔링 관련 프로젝트에 대해 소개한 후, 창의적 발상을 통해 테마와 매체 등을 설정한다. 또한 관심 분야별로 3~5명씩 팀을 구성하도록 한다.

실행단계에서는 그에 관한 원문과 연구성과, 선행콘텐츠 등 자료조사를 한 뒤, 기획의도, 캐릭터와 스토리라인, OSMU화 방안, 진행일정표 등 시놉시스(synopsis)를 짠다. 그리하여 각 팀별로 시놉시스를 발표하는 중간발표를 실시한다. 이후 본격적인 스토리텔링 작업을 해나가는데, 우선 초벌쓰기인 뎃생작업을 트리트먼트 형식으로 하고, 다시 재벌쓰기인 세부작업을 시나리오 형식으로 한다.

발표 및 평가 단계에서는 최종보고서 작성과 PPT 제작에 들어가는데, 여기에는 위에서 수행한 스토리텔링 작품 이외에 콘텐츠 제작방안과 비즈니스 모델도 반드시 포함되어야 한다. 그런 다음 각종 매체와 분야별로 나누어 그러한 스토리텔링 작품과 보고서를 발표하도록 한다. 스토리텔링 관련 프로젝트의 보고서 작성법은 대략 다음과 같다. 우선 서론에선 콘텐츠 개발 목적과 필요성 등 기획의도를 제시한다. 본론에서는 매체에 따른 스토리텔링 작품과 콘텐츠 제작방안, 비즈니스 모델 등 개발내용을 제시한다. 결론에서는 기대효과 및 개발의의를 제시한다. 기타 부록으로 프로젝트 작업일지를 제시하도록 한다.

이 과목에서 학생들에게 부여할 만한 과제물로는, 위와 같이 각종 스토리텔링의 사례분석과 프로젝트 진행에 필요한 사항들, 보고서 작성 등을 들 수 있다.

또한 성적평가는 시험(20%), 사례발표(20%), 실습-중간발표, 보고서 발표(40%), 출석 및 수업참여도(20%)를 기준으로 산정하면 될 듯하다.

끝으로 이 과목에 대한 필자의 강의계획서를 공개하면 다음과 같다.

<스토리텔링의 이해>(스토리텔링론) 강의계획서

▶ 과목개요
이 과목은 최근 급속히 부각되고 있는 스토리텔링의 이해와 활용능력을 향상시키기 위해 마련한 것임.
• 수업방법 : 이론(강의, 발표)과 실기(프로젝트)의 조화

▶ 학습목표
각종 문화콘텐츠, 비즈니스, 일상생활 분야의 전문적인 스토리텔러 양성

▶ 수업자료
앞의 교재와 참고서 참조

▶ 주별 학습내용

주	기 간	강 의	실습(프로젝트)	비 고
1	9.1~9.6	강좌소개		
2	9.7~9.13	우리 시대의 문화콘텐츠	1. 예비단계 : 프로젝트 소개 - 목적과 방법 등	
3	9.14~9.20	스토리텔링 일반론 1. 중요성 등 부각배경, 개념파악	창의적 발상 - 테마 및 매체 선정. 팀 구성	
4	9.21~9.27	2. 문화콘텐츠 스토리텔링의 세계(발표)	2. 실행단계 : 자료조사 (원문, 연구성과, 선행 콘텐츠 등) I	
5	9.28~10.4	3. 비즈니스 스토리텔링의 세계(발표)	〃 II	
6	10.5~10.11	4. 일상생활 스토리텔링의 세계(발표)	시놉시스 짜기(기획의도, 캐릭터와 스토리라인, OSMU화 방안, 진행일정표)와 중간발표 I	
7	10.12~10.18	5. 선진국의 스토리텔링 전략, 한국 스토리텔링 동향	〃 II	
8	10.19~10.25	중간고사		
9	10.26~11.1	스토리텔링 방법 1. 이야기 기획하기	스토리텔링 - 초벌쓰기 (뎃생작업, 트리트먼트 형식) I	

주	기 간	강 의	실습(프로젝트)	비 고
10	11.2~11.8	2. 자료수집과 이야기 모양 만들기	〃 II	
11	11.9~11.15	3. 캐릭터 설정하기	스토리텔링 – 재벌쓰기(세부작업, 시나리오 형식) I	
12	11.16~11.22	4. 스토리 짜기	〃 II	
13	11.23~11.29	5. 이야기 확장하기	3. 발표 및 평가 단계 : 최종보고서 작성과 PPT 제작(스토리텔링 작품, 콘텐츠 제작방안, 비즈니스 모델 포함) 및 프리젠테이션 I	
14	11.30~12.6		〃 II	
15	12.7~12.13	종합토론		
16	12.14~12.20	기말고사		

▶ 성적평가
• 성적평가는 시험(20%), 사례발표(20%), 실습 – 중간발표, 최종보고서 발표(40%), 출석 및 수업참여도(20%) 등을 토대로 산정함.
• 평가기준은 창의성과 성실성, 체계성 등임.

ⓘ 설화와 스토리텔링

'하늘 아래 새로운 것은 없다!'라는 말이 있다. 인간은 아무리 새로운 것을 만들어낸다고 해도 그것을 자세히 들여다보면 이미 알고 있는 사실에서 조금 새롭고 색다른 것일 뿐, 이 세상에 전혀 존재하지 않았던 어떤 것을 새로 창조해내기는 어렵다는 것이다. 마찬가지로 완전히 새로운 이야기란 있을 수 없고, 모든 이야기는 그 나름의 근원을 갖고 있다. 특히 고전, 그중에서도 설화에서 모티프를 차용해오는 경우가 대단히 많다.

설화는 끊임없이 변형되면서 다양한 매체나 분야에 수용되어 왔다. 또 앞으로도 얼마든지 그러한 것들의 소재로 활용될 가능성을 갖고 있다.

사실 설화는 시대에 따라 조금씩 다른 옷을 입고 계속해서 우리 앞에 등장했다. 지금도 소설이나 동화, 만화, 영화, 드라마, 공연, 광고, 상품 등에 그 소재나 에피소드, 플롯, 주제 등을 제공하고 있다. 또 영웅의 일생구조나 계모 모티프는 세계의 보편적인 이야기 소재로서, 언제든지 글로벌 콘텐츠(global contents)가 될 가능성을 갖고 있다.

이 과목은 그처럼 중요한 설화의 스토리텔링에 대한 이해와 실제를 터득하기 위해 마련한 것이다. 즉, 신화와 전설, 민담 등 설화를 가지고 각종 문화콘텐츠나 비즈니스, 일상생활의 스토리텔링 방법을 익히기 위한 것이다. 그리하여 설화를 기반으로 한 각종 문화콘텐츠, 비즈니스, 일상생활 분야의 전문적인 스토리텔러를 양성하는 데 주요한 목적을 두고 있다. 더 나아가 우리는 국내뿐 아니라 동서양 설화의 스토리텔링 방법까지 살펴볼 필요가 있는데, 그러므로 이 과목은 장차 '글로벌 수업'이 될 가능성이 크다고 볼 수 있다.

이 과목의 수업방법은 앞의 〈스토리텔링의 이해〉와 유사한데, 다만 설화라는 특정 주제를 가지고 수업한다는 점에서 차이가 있을 뿐이다. 즉, 매주 수업을 1·2부로 나눈 채, 1부에선 교수의 이론 강의를, 2부에선 학생들의 실습, 특히 프로젝트 수업을 중심으로 각각 진행하게 되는 것이다. 또 이론편에서도 교수의 강의 뿐 아니라 학생들의 사례 발표를 통해 설화의 스토리텔링 방법을 보다 구체적으로 이해할 필요가 있다.

이 과목을 위해 추천할 만한 교재와 참고서는 다음과 같다.

- 김열규, 『한국의 전설』, 중앙일보·동양방송, 1980
- 김영주, 『전래동화와 스토리텔링』, 한국문화사, 2009
- 김의숙, 『한국신화와 스토리텔링』, 북스힐, 2008
- 김태곤 외, 『한국의 신화』, 시인사, 1988

- 서정오, 『우리 옛이야기 100가지』, 현암사, 1996
- 신동흔, 21세기 구비문학 교육의 한 방향, 『한국고전연구』 15, 한국고전연구학회, 2007
- 이강엽 외, 『디지털 시대의 국어과 수업모형』, 평민사, 2002
- 정창권, 『문화콘텐츠 스토리텔링』, 북코리아, 2008
- 최운식, 『한국의 민담』, 시인사, 1987
- 하지현, 『전래동화 속의 비밀코드』, 살림, 2005
- 한국정신문화연구원, 『한국구비문학대계』(전 82권), 1980~1988
- 한소진, 『설화에서 퍼올린 한국 드라마』, 한국학술정보, 2005
- 황패강, 『설화문학연구』 상·하, 단국대학교출판부, 1988

이 과목의 수업내용도 역시 1·2부로 나뉘어 전개되는데, 그 주요한 사항들을 제시하면 다음과 같다.

먼저 1부 이론편은 중간고사를 기점으로 다시 전·후반부로 나눌 수 있다. 전반부는 우선 앞의 〈스토리텔링의 이해〉에서처럼 문화콘텐츠에 대해 개괄적으로 살펴볼 필요가 있다. 이 과목은 설화의 산업화, 곧 설화를 활용해서 다양한 상품을 개발하는 것이다. 그러므로 먼저 각종 매체와 분야에 대해 알아둘 필요가 있다. 또한 과거의 이야기를 현대적으로 환골탈태시키는 스토리텔링 일반론에 대해서도 충분히 이해해두어야 한다.

대개 설화가 원유라면, 스토리텔링은 그것의 정제작업이라 할 수 있다. 특히 스토리텔링은 웃음과 눈물 등 감정을 자극하여 사람들에게 공감대를 불러일으킬 수 있는 아주 중요한 원천기술이다. 그러므로 스토리텔링의 중요성과 개념, 유형, 방법, 국내외 동향 등에 대해 간략히나마 살펴볼 필요가 있다.

나아가 이 수업의 대상인 설화에 대해서도 충분히 이해해둘 필요가 있다.

그림 4.4 드라마 〈주몽〉

출처 : MBC 드라마 〈주몽〉 공식 홈페이지

설화(說話)란 구비전승하는 이야기로서, 신화·전설·민담 등으로 분류할 수 있다. 먼저 신화는 신에 대한 이야기로, 진실하고 신성한 것이라고 인식하는 경향이 있다. 전설은 인간들 사이의 원한이나 초자연적인 현상을 다룬 이야기로, 신성하다고 여기지는 않지만 진실하다고 믿고 실제로 있었던 일이라고 주장한다. 전설에서는 구체적인 사람이나 장소가 나오곤 한다. 민담은 흥미본위의 꾸며진 이야기로, 신성하거나 진실하다고 생각하지는 않는다. 하지만 재미와 함께 교훈적인 뜻을 담고 있다.

설화는 기존에 존재하는 이야기이고, 우리가 익숙하게 알고 있는 이야기이다. 따라서 새로 만들어낸 이야기보다 사람들에게 훨씬 더 쉽게 다가갈 수 있다. 또한 설화는 특이한 장소, 비범한 인물, 기이한 행적 등에 대한 이야기가 많은데, 그 결과 사람들에게 흥미를 주고 공감을 불러일으키기가 쉽다. 뿐만 아니라 설화는 옛 조상(전 인류의 조상)의 지혜와 미덕, 용기를 우리에게 다시 알려주고, 앞으로 나아갈 길을 제시해주기도 한다. 그러므로 이러한 설화를 현대인의 정서에 맞게 조그만 변형한다면, 비교적 쉽게 성공적인 콘텐츠로 만들 수 있다.

지금까지 현대적으로 자주 수용된 설화의 목록을 제시하면 다음과 같다.

- 단군신화, 주몽신화, 처용설화
- 서동설화, 호동왕자, 바보온달
- 바리공주, 선문대할망, 임금님 귀는 당나귀 귀
- 아기장수, 지하국대적퇴치, 선녀와 나무꾼
- 견우와 직녀, 해와 달이 된 오누이, 우렁각시
- 구렁덩덩신선비, 소가 된 게으름뱅이, 토끼와 거북이
- 금도끼와 은도끼, 호랑이와 곶감, 혹부리 영감
- 도깨비 방망이, 꼬부랑 할머니, 은혜 갚은 호랑이
- 장화홍련, 아랑, 콩쥐팥쥐
- 기타 귀신 및 동식물 관련 설화들

설화의 스토리텔링 방법은 크게 두 가지로 나눌 수 있는데, 단순각색과 개작이 바로 그것이다. 단순각색은 원작의 내용과 주제를 크게 벗어나지 않는 상태에서 재탄생시키는 것으로, 원작을 거의 그대로 복원하는 방법이라 할 수 있다. 그러나 단순각색은 사람들의 흥미나 감동을 크게 이끌어내지 못한다는 한계를 갖고 있다. 실례로 애니메이션 〈왕후 심청〉의 경우 고전과 크게 다를 바 없는 단순한 서사변용과 캐릭터의 빈약함으로 대중적인 인기를 얻지 못하였다.

개작은 원작의 모티프만 따와서 전혀 새로운 이야기로 탈바꿈시키는 것으로, 설화의 스토리텔링 방법에는 주로 이것이 사용된다. 개작에도 여러 가지

방법이 있는데, 특정 모티프만 따오는 경우, 캐릭터만 따오는 경우, 스토리라인만 따오는 경우 등이 있다. 물론 개작할 때에는 원작에 대한 대대적인 수정과 변형이 필요한데, 캐릭터를 더욱 매력적이고 호감이 넘치도록 만들고, 스토리를 대폭 확장시키며, 설화의 의미를 더욱 강화하도록 만들어야 한다. 예컨대 〈쾌걸 춘향〉은 원작에서 스토리라인만 따오고 나머지는 현대인이 공감할 수 있도록 각색하여 커다란 성공을 이루었다.

그와 함께 설화를 현대적으로 수용하여 성공한 사례들을 하나씩 차근차근 분석해가면서 설화의 스토리텔링 방법을 보다 구체적으로 알아볼 필요가 있다. 예컨대 우리나라의 각종 문화콘텐츠, 비즈니스, 일상생활 분야의 성공사례들 뿐만 아니라, 미국과 일본 등의 사례들까지 폭넓게 분석해보는 것이다. 앞에서 지적한 것처럼 이것들은 주로 학생들의 발표와 토론을 통해 이루어지는데, 그 분석방법은 대략 아래와 같다.

〈설화와 스토리텔링〉 성공사례 분석법

◗ 서론　　• 작품 소개
◗ 본론　　• 기획, 개발 단계 : 기획의도, 원작분석(등장인물, 서사구조, 의미 등),
　　　　　　선행연구사, 각색양상(캐릭터, 스토리라인, 영상미 등)
　　　　　• 제작, 판매 단계 : 제작과정, 연계상품(멀티유즈화), 고객반응, 수익률
◗ 결론　　• 개발 효과 및 의의
　　　　　• 소감

후반부에선 앞의 〈스토리텔링의 이해〉에서처럼, 이야기 기획하기 → 자료 수집과 이야기 모양 만들기 → 캐릭터 설정하기 → 스토리 짜기 → 이야기 확

장하기 등과 같은 일반적인 스토리텔링 방법론에 대해 살펴본다. 이는 앞에서 자세히 설명했으므로, 여기서는 그만 생략하고자 한다.

2부는 학생들의 실습, 특히 프로젝트 수업의 형태로 진행된다. 이것도 역시 3단계에 걸쳐 진행된다.

준비단계에서는 설화와 스토리텔링에 관한 프로젝트에 대해 소개하고, 창의적 발상을 통해 테마(소재, 콘셉트)와 매체(혹은 분야)를 각각 선정한다. 물론 프로젝트는 모든 설화를 대상으로 하거나, 아니면 〈선녀와 나무꾼〉 같은 특정 설화를 대상으로 진행할 수도 있다. 그리고는 프로젝트 진행을 위한 팀을 구성하도록 한다.

실행단계에서는 먼저 대상 설화에 관한 자료조사, 곧 원작과 연구성과, 선행콘텐츠 등을 수집하여 분석한다. 설화의 스토리텔링을 잘하기 위해선 이러한 대상의 이해가 매우 중요하다. 그런 다음 시놉시스, 곧 기획의도, 캐릭터와 스토리라인, OSMU화 방안, 진행일정표 등을 가급적 상세히 짜도록 한다. 그리하여 대략 2주에 걸쳐 각 팀별로 중간발표를 실시한다. 이후 본격적으로 스토리텔링 작업에 들어가는데, 앞에서처럼 처음엔 트리트먼트(treatment) 형식으로 뎃생작업을 하고, 그 다음엔 보다 구체적으로 매체에 맞는 시나리오 작업을 해나간다.

발표 및 평가 단계에서는 앞의 〈스토리텔링의 이해〉에서 제시한 것과 같은 형식의 보고서를 작성한 후, 각종 매체와 분야별로 나누어 발표하도록 한다.

이 과목의 과제물로는 설화와 스토리텔링의 성공사례 분석, 프로젝트 진행에 필요한 제반 사항들, 최종보고서 작성과 발표 등을 들 수 있다.

이 과목에 대한 성적평가는 시험(20%), 사례발표(20%), 실습-중간발표, 최종보고서 발표(40%), 출석 및 수업참여도(20%) 등을 토대로 산정하고, 평가기준은 특히 스토리텔링의 신선함, 재미와 감동, 콘텐츠 제작 가능성, 비즈니스 모델의 구체성 등을 토대로 하면 될 듯하다.

끝으로 이 과목에 대한 필자의 강의계획서를 제시하면 다음과 같다.

〈설화와 스토리텔링〉 강의계획서

▶ 과목개요
이 과목은 설화의 스토리텔링에 대한 이해와 실제를 위해 마련한 것임. 즉, 신화와 전설, 민담 등 설화를 가지고 각종 문화콘텐츠나 비즈니스, 일상생활의 스토리텔링 방법을 익히기 위한 것임.
• 수업방법 : 이론(강의, 발표)과 실습(프로젝트)의 조화

▶ 학습목표
설화를 기반으로 한 각종 문화콘텐츠, 비즈니스, 일상생활 분야의 전문 스토리텔러 양성

▶ 수업자료
앞의 교재와 참고서 참조

▶ 주별 학습내용

주	기 간	강 의	실습(프로젝트)	비 고
1	9.1~9.6	강좌소개		
2	9.7~9.13	문화콘텐츠의 이해	1. 준비단계 : 설화와 스토리텔링 프로젝트 소개 - 중요성, 목적, 방법 등	
3	9.14~9.20	스토리텔링 일반론	창의적 발상 - 테마(소재, 콘셉트)와 매체(분야) 선정. 팀 구성	
4	9.21~9.27	설화의 이해	2. 실행단계 : 자료 조사 (원전, 연구성과, 선행콘텐츠 등) I	
5	9.28~10.4	설화의 스토리텔링 방법	〃 II	
6	10.5~10.11	설화와 스토리텔링 성공사례 분석 : 1.문화콘텐츠 분야 (발표)	시놉시스 짜기(기획의도, 캐릭터와 스토리라인, OSMU화 방안, 진행일정표)와 중간발표 I	

주	기 간	강 의	실습(프로젝트)	비 고
7	10.12~10.18	2. 비즈니스 분야 (발표)	〃 II	
8	10.19~10.25	중간고사		
9	10.26~11.1	3. 일상생활 분야 (발표)	스토리텔링 - 초벌쓰기 (뎃생작업, 트리트먼트 형식) I	
10	11.2~11.8	스토리텔링 방법 : 1. 이야기 기획하기	〃 II	
11	11.9~11.15	2. 자료수집과 이야 기모양 만들기	스토리텔링 - 재벌쓰기 (세부작업, 시나리오 작 업) I	
12	11.16~11.22	3. 캐릭터 설정하기	〃 II	
13	11.23~11.29	4. 스토리 짜기	3. 발표 및 평가 단계 : 최종보고서 작성과 PPT 제작(스토리텔 링 작품, 콘텐츠 제 작방안, 비즈니스 모 델 포함) 및 프리젠 테이션 I	
14	11.30~12.6	5. 이야기 확장하기	〃 II	
15	12.7~12.13	종합토론		
16	12.14~12.20	기말고사		

▶ 성적평가

성적평가는 시험(20%), 사례발표(20%), 실습 - 중간발표, 최종보고서 발표(40%), 출석 및 수업참여도(20%) 등을 토대로 산정함.

ⓘ 국문학과 문화콘텐츠

이 과목은 국문학, 특히 고전문학을 활용한 각종 문화콘텐츠 개발의 이해와 실제를 터득하기 위해 마련한 것이다. 즉, 고전문학의 작가나 작품, 사건 등을 토대로 출판이나 만화, 방송, 영화, 애니메이션, 게임, 캐릭터, 공연 등 다양한 문화콘텐츠를 개발하는 방법에 대해 체계적으로 알아보기 위한 것이다. 그러므로 이 과목은 문화콘텐츠학에선 2·3학년 전공과목 중 개발분야에 해당하고, 국어국문학에선 3·4학년 전공과목 중 응용분야에 해당한다고 볼 수 있다.

필자의 경우, 21세기 디지털 시대의 국어국문학은 국어학과 국문학 등의 이론 과목과 시창작, 소설창작, 희곡창작, 시나리오 창작 등의 실습 과목 이외에, 〈설화와 스토리텔링〉, 〈국문학과 문화콘텐츠〉 등의 응용과목에 대해서도 적극적인 관심을 기울여야 한다고 생각한다. 실제로 요즘 국문학과 학생들은 고전문학, 현대문학, 구비문학, 한문학 등 전통적인 국문학 영역을 영화나 드라마, 게임, 공연 등 다양한 문화콘텐츠와 연계해서 배우기를 간절히 원하고 있다. 즉, 날이 갈수록 국문학의 영역이 확장되고 있다는 것이다.

이 과목은 국문학, 특히 고전문학 관련 문화콘텐츠 기획자 및 개발자를 양성하는데 주요한 목표를 두고 있다. 앞에서 지적한 것처럼, 요즘 문화콘텐츠 업계에서는 기획·창작 분야의 인력이 가장 취약한데, 그중에서도 특히 전문 각색자, 즉 고전문학을 현대 시대나 매체에 맞게 재창조할 수 있는 인력들이 절실히 필요한 실정이다. 그러므로 이와 같은 국문학과 문화콘텐츠의 접목 수업은 그러한 전문 인력들을 많이 배출할 수 있는 하나의 좋은 계기가 될 것이다. 또 학생들의 입장에선 장차 취업이나 창업 가능성을 높이는데 상당한 도움을 줄 것이다.

이 과목의 수업방법도 이론과 실습의 조화가 매우 중요하다. 앞에서처럼 매주 수업을 1·2부로 나눈 채, 1부 이론편에선 교수의 강의를 중심으로, 2부 실습편에선 학생들의 공동 프로젝트를 중심으로 각각 진행하면 좋을 듯하다. 물론 1부 이론편에서도 교수의 강의와 함께 학생들의 발표를 곁들여서, 고전문학의 문화콘텐츠화 방법에 대해 보다 구체적으로 이해할 수 있도록 한다.

이 과목을 위해 추천할 만한 교재와 참고서를 제시하면 다음과 같다.

- 강명혜, 「고전문학의 문화콘텐츠화 양상 및 문화콘텐츠화를 위한 수업 모형」, 『우리어문연구』 21, 우리문학연구회, 2007
- 김영순 외, 『인문학과 문화콘텐츠』, 다할미디어, 2006
- 김의숙 외, 『문학콘텐츠와 스토리텔링』, 역락, 2005
- 김종군, 『고전문학과 문화콘텐츠』, 문학과치료, 2009
- 신선희, 『우리 고전 다시 쓰기』, 삼영사, 2005
- 우정권, 『한국문학콘텐츠』, 청동거울, 2005
- 윤종선, 「문화콘텐츠로서 고전문학의 연구 현황과 전망」, 『어문학』 103, 한국어문학회, 2009
- 이찬욱, 「고전문학과 문화콘텐츠의 연계방안 연구」, 『우리문학연구』 18, 우리문학회, 2005
- 정창권, 「대하소설 〈완월회맹연〉을 활용한 문화콘텐츠 개발」, 『어문논집』 59, 민족어문학회, 2009
- ______, 『문화콘텐츠 스토리텔링』, 북코리아, 2008
- 함복희, 『한국문학의 문화콘텐츠화 방안』, 북스힐, 2007

이 과목의 수업내용도 크게 1·2부로 나뉘어 펼쳐지는데, 그 주요한 사항들을 간략히 제시하면 다음과 같다.

먼저 1부 이론편부터 살펴보면, 이 과목은 국문학을 활용하여 각종의 문화콘텐츠를 개발하기 위한 것이다. 그러므로 우선 문화콘텐츠, 곧 매체에 대해 충분히 이해해둘 필요가 있다. 예컨대 문화콘텐츠의 출현배경과 개념파악, 범

그림 4.5 창극 〈청〉
출처 : 창극 〈청〉 공식 포스터

주설정, 사회적 관심, 세계적 동향, 산업적 특성, 각 분야별 문화콘텐츠의 동향에 대해 개괄적으로 살펴보는 것이다.

또한 스토리텔링에 대해서도 간략히 이해해둘 필요가 있는데, 스토리텔링의 중요성과 개념, 유형, 방법, 국내외 동향에 대해 차례대로 살펴보도록 한다.

뿐만 아니라 이 과목의 연구대상인 국문학, 특히 고전문학에 대해서도 가급적 풍부하게 이해해두도록 한다. 고전문학은 말 그대로 예부터 전해 내려오는 문학작품을 말한다. 그 종류는 신화·전설·민담 등 설화에서부터 향가, 속요, 시조, 가사, 소설, 수필, 야담, 판소리, 민속극 등 매우 다양하다. 여기에다 최근 들어선 동서양의 고전이나 역사, 철학까지도 함께 아울러서 공부해가고 있는 상황이다.

이처럼 고전문학은 그 양이 실로 방대하고 내용도 각양각색이다. 그래서 문화콘텐츠 개발을 위한 무궁무진한 원천소스를 제공할 수 있다. 또한 고전문학은 기본적으로 개성적인 캐릭터와 탄탄한 스토리를 가지고 있기 때문에 언제든지 새로운 문화콘텐츠로 개발할 수 있다. 나아가 고전문학엔 우리의 문화원형이 고스란히 녹아 있어서, 그것들이 나름대로 차별성을 갖게 해줄 뿐만 아니라 해외로 수출해도 인기를 끌 수 있는, 곧 글로벌 콘텐츠(global contents)가 되기에도 유리하다.

그래서인지 요즘 고전문학을 활용한 각종 문화콘텐츠 개발이 활기를 띠고 있고 또 성공사례들이 계속해서 나오고 있다. 특히 고전문학 중에서도 〈춘향전〉, 〈심청전〉, 〈홍부전〉, 〈토끼전〉 등 판소리계 소설이 자주 활용되고 있는데, 그 이유는 무엇보다 판소리계 소설이 우리들에게 친숙한 이야기이기 때문인 듯하다.

현재 우리나라 문화콘텐츠는 상당히 정체되어 있다. 만화나 드라마, 영화, 게임, 공연 등 대부분의 매체에서 기존보다 훨씬 더 많은 작품들이 쏟아져 나오고 있지만, 서로 비슷비슷한 내용 전개로 인해 국내외 소비자들에게 외면받고 있다. 이러한 문제를 해결하기 위해선 참신한 소재를 찾고 탄탄한 이야기를 만드는 것뿐인데, 앞으로 우리의 고전문학을 적절히 활용하는 것도 한 가지 대안이 될 듯하다.

그런 다음 고전문학과 문화콘텐츠의 성공사례를 각 분야별로 차근차근 살펴봄으로써 고전문학의 문화콘텐츠화 방법에 대해 아주 구체적으로 이해하도록 한다. 앞에서처럼 이것들은 학생들의 발표를 중심으로 이루어지는데, 필자의 경우 대략 다음과 같은 콘텐츠들을 함께 검토하고 있다.

- 만화 : 〈신암행어사〉
- 방송(드라마) : 〈쾌걸춘향〉, 〈쾌도 홍길동〉, 〈서동요〉, 〈주몽〉
- 영화 : 〈춘향뎐〉, 〈장화, 홍련〉, 〈아랑〉
- 애니메이션 : 〈왕후 심청〉, 〈꼬비꼬비〉, 〈머털도사〉, 〈천년여우 여우비〉, 〈뮬란〉
- 게임 : 〈바람의 나라〉
- 공연 : 〈인당수 사랑가〉, 〈점프〉, 〈청〉
- 축제 : 〈남원춘향제〉, 〈장성홍길동축제〉, 〈강릉단오제〉
- 대중가요 : 〈공무도하가〉, 〈홍보가 기가막혀〉
- 광고 : 〈마신대로 거두리라: 新춘향전〉, 〈하이마트 컴퓨터편〉, 〈맥도날드 효녀 심청편〉

그리고 이것들의 분석방법을 제시하면 다음과 같다.

〈고전문학과 문화콘텐츠〉 성공사례 분석법

- ▣ 서론　　• 준비과정, 콘텐츠 소개
- ▣ 본론　　• 기획, 개발 단계 : 기획의도, 원작분석, 각색양상(캐릭터, 스토리라인, 영상미 등)
- 　　　　　• 제작, 판매 단계 : 제작과정, 연계상품(멀티유즈화), 고객반응, 수익률
- ▣ 결론　　• 개발 효과 및 의의
- 　　　　　• 분석 후기

끝으로, 이상과 같은 고전문학의 문화콘텐츠화가 갖는 의의를 체계적으로 살펴보도록 한다.

첫째, 그것은 잠들어 있던 고전문학에 새 생명을 불어넣어줄 수 있다. 고전문학을 활용하여 각종 문화콘텐츠로 개발할 경우, 우리의 고전문학에 대한 재발견이 가능하며, 자연스럽게 다음 세대로의 문화적 전승이 이루어질 수 있다.

둘째, 인문학의 위기를 타개할 수 있는 한 가지 대안이 될 수 있다. 지금까지 인문학 관련 수업들은 현실이 아닌 이론적 내용뿐이었다. 이론만으로 세상을 살 수 있는 것도 아닌데, 현실적 부분을 너무 보여주지 않았던 것이다. 이젠 인문학 관련 수업들도 단순히 이론만 가르칠 것이 아니라, 여기에서처럼 현실적 적용문제까지 아울러서 가르쳤으면 한다.

셋째, 앞에서 지적한 것처럼 학생들의 취업과 창업 문제에도 많은 도움을 줄 것이다. 특히 이러한 수업은 고전문학 관련 문화콘텐츠 기획자 및 개발자로 진출하는데 커다란 밑바탕이 되어줄 것이다.

넷째, 잘 만들어진 고전문학 콘텐츠의 경우, OSMU를 통해 지속적으로 경제적 수익을 창출할 수 있을 뿐 아니라, 해외로 수출하여 우리나라의 문화적 위상을 드높일 수도 있다.

2부 실습편은 앞과 마찬가지로 학생들의 공동 프로젝트 형식으로 진행된다. 이것도 역시 3단계에 걸쳐 진행되는데, 그 대략적인 내용을 제시하면 다음과 같다.

준비단계에서는 고전문학과 문화콘텐츠 관련 프로젝트에 대해 간단히 소개한 뒤, 창의적 발상을 통해 테마(소재, 콘셉트)와 매체를 선정한다. 우리나라에는 수많은 고전문학이 있는데, 그중에서 문화콘텐츠로 개발된 것은 이미 널리 알려진 몇 작품에 불과하다. 하지만 아직까지 잘 알려지지 않은 고전문학을 발굴하여 적절한 매체로 구현한다면, 전혀 생각지도 못한 결과를 얻을 수도 있을 것이다. 그리고 이젠 우리의 고전문학에만 한정하지 말고, 전 세계의 숨겨진 고전문학을 발굴하여 우리의 문화콘텐츠로 만들어 낼 수도 있어야 할 것이다. 또한 이때 프로젝트 진행을 위한 팀 구성을 하기도 한다.

실행단계에서는 먼저 테마에 대한 자료조사를 해야 하는데, 원작과 연구성과, 선행콘텐츠의 수집 및 분석 등이 그것이다. 콘텐츠 개발에 있어서 원작연구는 아무리 강조해도 지나치지 않다. 예를 들어 〈춘향전〉을 토대로 새로운 영화 콘텐츠를 개발하는 경우, 여러 가지 기존의 연구성과를 참조하면서 시공간적 배경, 등장인물, 줄거리와 서사구조, 표면적·이면적 주제, 명장면과 명대사 등 원작에 대해 다양하고 깊이 있게 분석해야 한다. 그래야만 영화의 스토리가 탄탄하고 의미가 선명하게 드러나기 때문이다. 원작 연구에 대한 이해는 콘텐츠의 질과 비례함을 항상 명심해야할 것이다. 또한 선행콘텐츠 분석도 등한시하지 말아야 하는데, 예컨대 〈춘향전〉의 경우 판소리 창본, 소설, 만화, 오페라, 창극, 영화, 드라마, 축제, 테마파크 등 다양한 장르의 작품들을

그림 4.6 영화 〈춘향뎐〉
출처 : 영화 〈춘향뎐〉 공식 포스터

서로 비교해보면서 꼼꼼하게 벤치마킹해야 할 것이다. 그런 다음 기획의도, 캐릭터와 스토리라인, OSMU화 방안, 진행일정표 등의 형식으로 시놉시스를 짠 다음, 각 팀별로 중간발표를 실시하도록 한다.

이후 본격적인 스토리텔링(storytelling), 즉 배경설정과 캐릭터 선정, 스토리짜기 등을 해나간다. 일반적으로 각색 스토리텔링의 경우, 원작의 스토리가 탄탄하고 현대적 정서와 동떨어지지 않은 작품이라면 그 원작을 최대한 살려서 하고, 만약 원작을 그대로 사용하기에 무리가 있다면 캐릭터 재창조나 플롯 고쳐쓰기, 패러디 등과 같은 원작의 재해석 작업이 이루어져야 한다.

단, 각색작업을 할 때 유의할 점은 원작이 얼마나 바뀌었는지, 역사적으로 부합하는지 등의 문제가 아니라, 원작의 핵심을 얼마나 잘 살렸고, 현대적 감각에 맞게 잘 만들어졌으며, 기타 상품성은 있는지 등을 중시해야 한다. 즉, 고전문학의 문화콘텐츠화는 얼마나 사실에 가까우냐의 문제가 아닌, 얼마나 재미와 감동이 있는 작품으로 재탄생시켰느냐가 최대의 관건이라는 것이다.

나아가 이 과목에선 각각의 매체에 맞는 스토리보드를 작성해보거나, 실제로 만화나 애니메이션, 방송(다큐멘터리, 드라마), 영화, 게임, 공연, 대중가요 등 문화콘텐츠로 제작해볼 필요가 있다. 그럼 산업현장에서 필요한 실무적 능력을 더욱 향상시킬 수 있기 때문이다.

발표 및 평가단계에서는 위에서 작업한 것들을 토대로 작품발표회를 가질 뿐 아니라, 최종보고서를 작성하여 PPT로 제작한 다음, 여러 사람들 앞에서 발표해보는 것이다.

이 과목에서 학생들에게 부여할 만한 과제물로는 고전문학과 문화콘텐츠의 성공사례 분석, 프로젝트 진행에 필요한 제반 사항들, 시놉시스 짜기와 최종보고서 작성 등을 들 수 있다.

또한 이 과목의 성적평가는 시험(20%), 사례발표(20%), 실습 - 중간발표, 최종보고서 발표(40%), 출석 및 수업참여도(20%) 등을 기준으로 산정하면 될 듯하다.

마지막으로 이 과목에 대한 필자의 강의계획서를 제시하면 다음과 같다.

〈국문학과 문화콘텐츠〉 강의계획서

▶ **과목개요**
이 과목은 국문학, 특히 고전문학을 활용한 각종 문화콘텐츠 개발의 이해와 실제를 터득하기 위해 마련한 것임. 즉, 국문학의 작가나 작품, 사건 등을 토대로 출판, 만화, 방송, 영화, 애니메이션, 게임, 캐릭터, 공연 등 다양한 문화콘텐츠 개발에 대해 체계적으로 알아보기 위한 것임.
• 수업형태 : 이론(강의, 발표)과 실습(프로젝트)의 조화

▶ **학습목표**
국문학, 특히 고전문학 관련 문화콘텐츠 기획자 및 개발자 양성

▶ **수업자료**
앞의 교재와 참고서 참조

▶ **주별 학습내용**

주	기 간	이론(강의, 발표)	실습(공동 프로젝트)	비 고
1	9.1~9.6	강좌소개		
2	9.7~9.13	문화콘텐츠의 이해	1. 준비단계 : 고전문학과 문화콘텐츠 관련 프로젝트 소개 - 목적과 방법 등	

주	기 간	이론(강의, 발표)	실습(공동 프로젝트)	비 고
3	9.14~9.20	스토리텔링 일반론	창의적 발상-테마(소재, 콘셉트)와 매체 선정. 팀 구성	
4	9.21~9.27	고전문학의 이해(개념, 유형, 특성 등)	2. 실행단계 : 자료 조사(원문, 연구성과, 선행콘텐츠 수집 및 분석) I	
5	9.28~10.4	고전문학과 문화콘텐츠 성공사례 분석 : 1. 출판(소설, 어린이책, 만화 등) 분야	〃 II	
6	10.5~10.11	2. 방송 분야	시놉시스 짜기(기획의도, 캐릭터와 스토리라인, OSMU화 방안, 진행일정표)와 중간발표 I	
7	10.12~10.18	3. 영화 분야	〃 II	
8	10.19~10.25	중간고사		
9	10.26~11.1	4. 애니메이션 분야	스토리텔링-각색작업 I	
10	11.2~11.8	5. 공연 분야	〃 II	
11	11.9~11.15	6. 전시, 축제, 여행, 테마파크 분야	스토리보드 및 문화콘텐츠 제작 I	
12	11.16~11.22	7. 대중가요, 디지털 콘텐츠 분야	〃 II	
13	11.23~11.29	8. 게임, 광고, 상품 분야	3. 발표 및 평가 단계 : 작품발표회, 최종보고서 작성과 PPT 제작 및 프리젠테이션 I	
14	11.30~12.6	9. 기타 분야	〃 II	
15	12.7~12.13	종합토론		
16	12.14~12.20	기말고사		

▶ 성적평가
- 성적평가는 시험(20%), 사례발표(20%), 실습 - 중간발표, 최종보고서 발표(40%), 출석 및 수업참여도(20%) 등을 토대로 산정함.
- 평가기준은 창의성과 성실성, 체계성 등임.

ⓘ 역사와 스토리텔링 : 역사자료의 소재분석과 스토리텔링

이 과목은 역사와 스토리텔링의 접목, 곧 역사를 활용한 문화콘텐츠, 비즈니스, 일상생활의 스토리텔링에 대한 이해와 실제를 터득하기 위해 마련한 것이다. 그러므로 이 과목은 문화콘텐츠학과에선 2·3학년 전공과목 중 개발 분야에 속하고, 사학과에선 3·4학년 전공과목 중 응용 분야에 속한다고 볼 수 있다. 특히 이 과목은 사학과 전공자가 수강하면 타 학과 전공자보다 유리할 듯하다. 또한 이 과목의 학습목표는 역사와 관련된 각종 문화콘텐츠, 비즈니스, 일상생활의 전문적인 스토리텔러 양성에 있다고 할 수 있다.

지금까지는 사학과도 국문학과와 마찬가지로 소수의 대학원 진학생만을 위한 교과과정과 학생지도가 이루어져왔을 뿐, 여타 수많은 학생들을 위한 자기계발이나 진로문제에 대해서는 상대적으로 무관심했다. 어쩌다 한 학년에 1~2명이 겨우 나올까 말까 하는 역사학 연구자를 위해 사학과 전체를 운영해온 것이다. 하지만 이제는 역사학을 토대로 종합적 활용 능력과 미래에 대한 전망을 가진 유능한 교양인의 양성에 진력해야 할 것이다.

이 과목의 수업방법도 앞에서처럼 이론과 실제의 조화가 매우 중요하다. 매주 수업을 1·2부로 나눈 채, 1부 이론편에선 교수의 강의를 중심으로 역사와 스토리텔링의 방법에 대해 배우고, 2부 실습편에선 학생들의 프로젝트 수업을 토대로 실제 역사와 스토리텔링 작업을 수행해보는 것이다. 또한 학생들은 1부 이론편에서도 역사를 활용한 각종 스토리텔링의 성공사례를 분석하여 발표해봄으로써, 역사와 스토리텔링의 방법에 대해 보다 구체적으로 이해하도록 한다.

필자의 경우, 이 과목의 교재와 참고서로는 다음과 같은 자료들을 사용하고 있다.

- 강명관, 『조선의 뒷골목 풍경』, 푸른역사, 2003
- 김기덕, 『한국 전통문화와 문화콘텐츠』, 북코리아, 2007
- 김기봉, 『역사들이 속삭인다: 팩션 열풍과 스토리텔링의 역사』, 프로네시스. 2009
- 김탁환, 『방각본 살인사건』 상·하, 황금가지, 2003
- ______, 『불멸의 이순신』, 황금가지, 2004
- 김훈, 『남한산성』, 학고재, 2007
- 이창식, 『전통문화와 문화콘텐츠』, 역락, 2008
- 정창권, 『꽃으로 피기보다 새가되어 날아가리』, 푸른숲, 2006
- ______, 『문화콘텐츠 스토리텔링』, 북코리아, 2008
- ______, 『문화콘텐츠학 강의(쉽게 개발하기)』, 커뮤니케이션북스, 2007
- ______, 『세상에 버릴 사람은 아무도 없다』, 문학동네, 2005
- ______, 『향랑, 산유화로 지다』, 풀빛, 2004
- ______, 『홀로 벼슬하며 그대를 생각하노라』, 사계절, 2003
- 주진오, 한국사 전공교육의 위기와 개혁방안, 『역사와 현실』 52, 한국역사연구회, 2003
- 홍순석, 『한국문화와 콘텐츠』, 채륜, 2009

이 과목의 수업내용도 크게 1부 이론편, 2부 실습편으로 나누어 전개된다.

1부 이론편은 중간고사를 기점으로 다시 전·후반부로 나눌 수 있는데, 전반부에선 먼저 문화콘텐츠의 이해와 스토리텔링 일반론에 대해서부터 간략히 살펴보도록 한다. 그런 다음 역사학의 중요성을 비롯해서 역사콘텐츠의 동향 파악과 대표적인 사례 분석, 역사와 스토리텔링의 방법에 대해 차례대로 살펴본다.

설화나 문학과 마찬가지로, 역사도 문화콘텐츠 개발의 금광이라 할 수 있다. 게다가 우리나라는 5천년의 역사를 가진 나라인데, 그 만큼 역사 속에서 찾아낼 수 있는 소재들도 무궁무진한 편이다.

실제로 날이 갈수록 문화콘텐츠 현장에서 역사콘텐츠의 중요성은 점점 커지고 있는 상황이다. 예를 들어 근래 출판계에선 〈미실〉, 〈바람의 화원〉, 〈망하거나 죽지 않고 살 수 있겠니〉 등처럼 각각 신라, 조선, 개화기를 배경으로 한 소설들이 인기를 끌었다. 또 김탁환(〈불멸의 이순신〉 외), 김훈(〈남한산성〉 외), 김경욱(〈천년의 왕국〉) 등의 작가들이 꾸준히 한국형 픽션 소설들을 출간해 큰 호응을 얻었다. 아울러 조선시대 생활사 등을 소개한 각종의 인문서 역시 활발히 출간되어, 대중들이 역사콘텐츠를 접할 기회를 더욱 늘려주고 있다.

다음으로 방송계에선 사극(史劇)이 이미 주축을 이루게 되었다. 한데, 고무적인 사실은 최근 사극의 경우 왕과 왕조, 전쟁 등을 다룬 거대 사극에서, 한 개인에 대한 생활사적 접근(〈바람의 화원〉), 팩션적 시도(〈최강칠우〉), 판타지적 접근(〈태왕사신기〉) 등으로 그 스펙트럼이 더욱 다양해지고 있다는 점이다.

또한 영화계에서도 역사적 상황을 활용한 작품들이 여전히 많이 개발되고 있다. 예컨대 〈황진이〉, 〈신기전〉, 〈미인도〉, 〈모던보이〉, 〈쌍화점〉 등이 그것이다.

끝으로 만화계에선 현재의 어려운 시장 상황으로 인해 역사 소재의 활용이

그림 4.7 영화 〈신기전〉
출처 : 영화 〈신기전〉 공식 포스터

별로 두드러지지는 않는다. 하지만 이는 단행본 만화에 해당하고, 학습 만화에 이르러서는 상황이 전혀 다르다. 학습만화 시장에선 역사콘텐츠가 대표적인 장르로 각광받고 있는데, 예를 들어 기본적인 위인전에서부터 역사적 사실들에 대해 아동용으로 기획한 작품에 이르기까지, 계속해서 인기를 끌고 있다.

한편, 역사와 스토리텔링 방법은 앞의 설화와 스토리텔링 방법과 크게 다르지 않다. 그에 더하여 필자의 경우는 이전의 저서들을 가지고 역사와 스토리텔링 방법에 대해 보다 자세하고 생생하게 들려주고 있다. 예컨대 생활사 관련 저서인 『홀로 벼슬하며 그대를 생각하노라』, 가족사 관련 저서인 『향랑, 산유화로 지다』, 장애인사 관련 저서인 『세상에 버릴 사람은 아무도 없다』, 여성사 관련 저서인 『꽃으로 피기보다 새가되어 날아가리』 등을 토대로, 그것들의 저작동기, 연구와 스토리텔링 방법, 제작과 판매 과정, 사후관리 등을 아주 구체적으로 설명하고 있다.

대개 역사콘텐츠는 조상들의 삶과 얼을 다루는 것인 만큼 최대한 신중을 기해야 한다. 즉, 자세하고 정확한 자료수집과 충분한 소재분석이 이루어진 후, 거기에 역사적 상상력을 더하여 재미있고 감동적으로 스토리텔링을 해나가야 하는 것이다.

후반부에선 앞에서처럼 일반적인 스토리텔링 방법론에 대해 차례대로 살펴보는데, 이야기 기획하기 → 자료수집과 이야기 모양 만들기 → 캐릭터 설정하기 → 스토리짜기 → 이야기 확장하기 등이 그것이다.

2부 실습편은 프로젝트 수업을 토대로 학생들이 역사 자료를 활용하여 직접 스토리텔링을 해보는 것인데, 앞에서와 마찬가지로 크게 3단계에 걸쳐 진행된다.

준비단계에서는 역사와 스토리텔링의 프로젝트에 대해 간단히 이해하고, 창의적 발상을 통해 테마(소재, 콘셉트)와 매체를 선정한다. 또 프로젝트 수행을 위한 팀을 구성하도록 한다.

실행단계에서는 그에 관한 자료조사를 하고, 작품의 개요인 시놉시스를 짠 다음, 각 팀별로 중간발표를 실시하도록 한다. 이후 3차에 걸쳐 스토리텔링 작업을 진행해나가는데, 우선 초벌쓰기인 뎃생작업을 하고, 다시 재벌쓰기인 시나리오 작업을 하며, 마지막으로 세벌쓰기인 스토리보드 작업까지 해나간다.

발표 및 평가 단계에서는 그것을 토대로 최종보고서를 작성하고 PPT로 제작하여, 각종 매체나 분야별로 유형을 나누어 발표하도록 한다. 최종보고서의 형식은 앞에서 제시했으므로, 여기서는 그만 생략하고자 한다.

이 과목에서 학생들에게 부여할만한 과제물로는 최근 역사콘텐츠의 동향파악과 사례분석, 프로젝트 진행에 필요한 제반 사항들, 최종보고서 작성과 발표 등을 들 수 있다.

이 과목에 대한 성적평가는 시험(20%), 사례발표(20%), 실습 - 중간발표, 최종보고서 발표(40%), 출석 및 수업참여도(20%)를 기준으로 산정하면 된다.

이 과목에 대한 필자의 강의계획서는 대략 다음과 같다.

〈역사와 스토리텔링〉 강의계획서

▶ **과목개요**
이 과목은 역사자료를 활용한 문화콘텐츠, 비즈니스, 일상생활의 스토리텔링에 대한 이해와 실제를 터득하기 위해 마련한 것임.
 • 수업형태 : 이론(강의, 발표)과 실습(프로젝트)의 조화

▶ **학습목표**
역사학 관련 각종 문화콘텐츠, 비즈니스, 일상생활 전문 스토리텔러 양성

▶ **수업자료**
앞의 교재와 참고서 참조

▶ **주별 학습내용**

주	기 간	이론(강의, 발표)	실습(공동 프로젝트)	비 고
1	9.1~9.6	강좌소개		
2	9.7~9.13	문화콘텐츠의 이해	1. 예비단계 : 역사와 스토리텔링 관련 프로젝트 소개	
3	9.14~9.20	스토리텔링의 이해	창의적 발상 - 테마(소재, 콘셉트)와 매체 선정. 팀 구성	
4	9.21~9.27	역사학의 이해 : 개념, 유형, 특성, 중요성 등	2. 실행단계 : 자료 조사(원문, 연구성과, 선행콘텐츠 등) I	
5	9.28~10.4	역사콘텐츠의 동향 파악 및 사례분석 : 1. 미디어 분야(방송, 영화, 애니메이션, 게임, 디지털콘텐츠 등)	〃 II	
6	10.5~10.11	2. 라이브 분야(출판, 공연, 전시, 축제, 여행, 테마파크 등)	시놉시스 짜기(기획의도, 캐릭터와 스토리라인, OSMU화 방안, 진행일정표 등) 중간발표 I	
7	10.12~10.18	3. 기타 분야(비즈니스, 일상생활 등)	〃 II	
8	10.19~10.25	중간고사		

주	기 간	이론(강의, 발표)	실습(공동 프로젝트)	비 고
9	10.26~11.1	역사와 스토리텔링 방법	스토리텔링 Ⅰ- 초벌쓰기 (트리트먼트 형식)	
10	11.2~11.8	일반적인 스토리텔링 방법 : 1. 이야기 기획하기	스토리텔링 Ⅱ- 재벌쓰기 (시나리오 형식)	
11	11.9~11.15	2. 자료수집과 이야기 모양 만들기	스토리텔링 Ⅲ- 세벌쓰기 (스토리보드)	
12	11.16~11.22	3. 캐릭터 설정하기	3. 발표 및 평가 단계 : 최종보고서 작성과 PPT 제작(스토리텔링 작품, 콘텐츠 제작방안, 비즈니스 모델 포함) 및 프리젠테이션 Ⅰ	
13	11.23~11.29	4. 스토리짜기	〃 Ⅱ	
14	11.30~12.6	5. 이야기 확장하기	〃 Ⅲ	
15	12.7~12.13	종합토론		
16	12.14~12.20	기말고사		

▶ 성적평가
- 성적평가는 시험(20%),사례발표(20%), 실습 - 중간발표, 최종보고서 발표(40%), 출석 및 수업참여도(20%) 등을 토대로 산정함.
- 평가기준은 창의성과 성실성, 체계성 등임.

① 문화콘텐츠 마케팅론

문화콘텐츠 마케팅이란 이미 만들어진 콘텐츠를 널리 알리고 판매하는 것을 말한다. 나아가 요즘은 OSMU(One Source Multi Use) 시대로, 날이 갈수록 연계상품의 중요성이 부각되고 있다. 이 과목은 그러한 문화콘텐츠 마케팅의 이해와 실제를 터득하기 위해 마련한 것이다. 대체로 2 · 3학년 전공과목 중 판매 분야에 해당된다고 하겠다. 그리고 이 과목을 듣기 위해선 경영학과에서 마케팅론을 선행과목으로 이수하는 편이 좋을 듯하다.

앞에서 지적한 것처럼 선진국의 경우 문화콘텐츠 커리큘럼에서 비즈니스 관련 교육 프로그램을 충분히 제공하고 있는데, 우리나라도 이젠 지속적으로 비즈니스 관련 교육 프로그램을 개발하여 문화콘텐츠 전공자들의 비즈니스 감각을 키워줄 필요가 있다.

이 과목의 수업방법도 이론과 실제가 조화를 이루도록 해야 한다. 그래서 앞에서처럼 매주 수업을 1·2부로 나눈 채, 1부에선 교수의 이론 강의를, 2부에선 학생들의 프로젝트 수업을 중심으로 각각 진행하면 좋을 듯하다. 또한 학생들의 경우, 1부 이론편에서도 성공 혹은 실패한 콘텐츠의 마케팅 전략을 분석하여 발표하거나 전·현직 문화콘텐츠 마케터를 찾아가 인터뷰하여 발표함으로써, 문화콘텐츠 마케팅에 대해 보다 구체적이고 깊이 있게 이해하도록 한다.

이 과목을 위해 추천할 만한 교재와 참고서는 다음과 같다.

- 고정민, 『문화콘텐츠 경영전략』, 커뮤니케이션북스, 2007
- 구문모, 『미디어콘텐츠의 비즈니스 원리』, 해남, 2007
- 김만석, 『공연예술경영』, 북코리아, 2008
- 김유리, 『문화콘텐츠 마케팅: 글로벌 마케팅 사례를 중심으로』, 한국문화사, 2006
- 김형석, 『영화콘텐츠 비즈니스』, 문지사, 2002
- 노베나 유타카 저, 신동기 역, 『콘텐츠 비즈니스란 무엇인가』, 황금가지, 2001
- 박장순, 『문화콘텐츠학개론』, 커뮤니케이션북스, 2006
- 스가야 미노루 저, 정순일 역, 『동아시아의 미디어 콘텐츠 유통』, 커뮤니케이션북스, 2005

- 신병철, 『인터랙티브 마케팅』, 살림Biz, 2007
- 심상민, 『컬처 비즈니스』, 위즈덤하우스, 2007
- 아라히 노리코 저, 이호영 역, 『콘텐츠 마케팅』, 시간의물레, 2009
- 윤재식 외, 『세계 방송영상 콘텐츠 유통 비즈니스』, 한국방송진흥원, 2002
- 이명천·김요한 외, 『문화콘텐츠 마케팅』, 커뮤니케이션북스, 2006
- 임은모, 『멀티미디어 콘텐츠비즈니스 세계』, 진한도서, 1998
- ______, 『문화콘텐츠 비즈니스론』, 진한도서, 2001
- 정창권, 『문화콘텐츠학 강의(쉽게 개발하기)』, 커뮤니케이션북스, 2007

이 과목의 수업내용도 크게 1부 이론편, 2부 실습편으로 나누어 전개된다. 1부 이론편은 다시 전·후반부로 나눌 수 있는데, 전반부는 먼저 문화콘텐츠의 이해와 스토리텔링 일반론에 대해 개괄적으로 살펴본다. 그리고 나서 본격적으로 아래와 같은 문화콘텐츠 마케팅론에 대해 살펴본다.

우선 문화콘텐츠 마케팅론은 신종 학문분야이므로, 그것의 개념과 영역, 특성 등 기초지식부터 쌓아갈 필요가 있다.

다음으로 시장조사법, 곧 트렌드 분석을 통한 고객의 요구사항, 해당 업계 및 문화콘텐츠의 산업별 동향, 정부정책 등을 파악하는 방법에 대해 배운다.

그와 함께 일반적인 문화콘텐츠 마케팅 방법에 대해 배우는데, 각종 문화상품의 홍보, 배급(유통), 판매 등의 노하우 습득이 바로 그것이다. 나아가 요즘은 OSMU 시대로 날이 갈수록 연계상품이 중요해지고 있기 때문에, OSMU 마케팅 전략에 대해서도 체계적으로 이해해둘 필요가 있다.

끝으로 문화콘텐츠 마케팅 기획서 작성법에 대해 배우는데, 그 형식을 도표로 나타내면 다음과 같다.

〈문화콘텐츠 마케팅 기획서〉 작성법

- ◘ 서론 • 콘텐츠 소개 : 회사, CEO, 콘텐츠 등
- ◘ 본론 • 시장상황 : 국내외 시장환경, SWOT 분석
  타켓팅과 포지셔닝
  마케팅 목표와 전략
- ◘ 결론 • 마케팅 전략의 성과분석
  • 전망

1부의 후반부는 학생들의 발표를 중심으로 전개되는데, 예컨대 학생들에게 성공 혹은 실패한 콘텐츠의 마케팅 전략을 분석한다거나, 전·현직 문화콘텐츠 마케터를 만나 인터뷰하여 발표함으로써, 문화콘텐츠의 현장 상황에 대해 보다 실제적으로 이해하도록 한다.

2부 실습편에선, 이상과 같은 이론적 기반을 토대로 학생들이 직접 문화콘텐츠 마케팅 관련 프로젝트를 수행해보는 것이다. 즉, 이미 만들어져 출시되었거나 혹은 출시 예정인 콘텐츠를 가지고 널리 알리고 판매해보는 것이다. 2부 실습편은 아래와 같이 크게 3단계에 걸쳐 진행된다.

준비단계에서는 문화콘텐츠 마케팅 관련 프로젝트에 대해 간단히 소개한 후, 마케팅 대상의 선정과 팀 구성을 한다.

실행단계에서는, 우선 해당 콘텐츠의 기획의도나 스토리텔링, 제작과정 등에 대해 철저히 분석한다. 또한 위에서와 같이 시장상황과 경쟁 콘텐츠의 분석, 타켓팅과 포지셔닝 선정, OSMU화 전략 수립 등을 한다. 그리하여 문화콘텐츠 마케팅 기획서를 작성한 다음, 중간발표를 실시하도록 한다. 이후 본격적으로 홍보와 배급(유통), 판매 등 문화콘텐츠 마케팅 프로젝트를 수행해봄으로써, 현장의 실무능력을 함양하도록 한다.

발표 및 평가 단계에서는 이상과 같은 마케팅 전략에 대한 성과를 분석하고, 앞으로의 전망 등을 제시하도록 한다.

이 과목에서 학생들에게 부여할만한 과제물로는 성공 혹은 실패한 콘텐츠의 마케팅 전략 분석, 문화콘텐츠 마케터와의 인터뷰, 프로젝트 진행에 필요한 제반 사항 등을 들 수 있다.

또한 이 과목의 성적평가도 시험(20%), 사례발표(20%), 실습-중간발표, 기말발표(40%), 출석 및 수업참여도(20%)를 토대로 산정하면 될 듯하다.

끝으로 이 과목의 강의계획서를 제시하면 다음과 같다.

〈문화콘텐츠 마케팅론〉 강의계획서

▶ **과목개요**
문화콘텐츠 마케팅이란 이미 만들어진 콘텐츠를 널리 알리고 판매하는 것을 말하는데, 이 과목은 그러한 문화콘텐츠 마케팅의 이론과 실제를 터득하기 위해 마련한 것임.
 • 수업형태 : 이론(강의, 발표)과 실습(프로젝트)의 조화

▶ **학습목표**
 • 창의적이고 전문적인 문화콘텐츠 마케터 양성.
 • 문화콘텐츠 전공자의 비즈니스 감각 함양.

▶ **수업자료**
앞의 교재와 참고서 참조

▶ **주별 학습내용**

주	기 간	이론(강의, 발표)	실습(공동 프로젝트)	비 고
1	9.1~9.6	강좌소개		
2	9.7~9.13	문화콘텐츠의 이해	1. 예비단계 : 문화콘텐츠 마케팅 관련 프로젝트 소개. 대상 선정 및 팀 구성	
3	9.14~9.20	스토리텔링 일반론	2. 실행단계 : 해당 콘텐츠 분석	

주	기 간	이론(강의, 발표)	실습(공동 프로젝트)	비 고
4	9.21~9.27	문화콘텐츠 마케팅론 : 1. 기초지식 쌓기 　(개념, 영역, 특성 등)	시장상황, 경쟁 콘텐츠 분석	
5	9.28~10.4	2. 시장조사법(트렌드 분석을 통한 고객의 요구사항, 해당 업계 및 문화콘텐츠 산업별 동향, 정부정책 등 파악)	타게팅과 포지셔닝 선정	
6	10.5~10.11	3. 일반적인 문화콘텐츠 마케팅 방법(문화상품의 홍보, 배급, 유통, 판매 방법)	OSMU화 전략 수립	
7	10.12~10.18	4. OSMU 마케팅 전략	문화콘텐츠 마케팅 기획서 작성	
8	10.19~10.25	중간고사		
9	10.26~11.1	5. 문화콘텐츠 마케팅 기획서 작성법	중간발표 I - 각 팀별 기획서 발표	
10	11.2~11.8	각 분야별 성공/실패한 콘텐츠의 마케팅 전략 분석(발표) : 1. 미디어 분야(방송, 영화, 애니메이션, 게임, 디지털콘텐츠 등)	〃 II	
11	11.9~11.15	2. 라이브 분야(출판, 공연, 전시, 축제, 여행, 테마파크 등)	홍보 실습 - 온라인, 오프라인, 기타	
12	11.16~11.22	3. 기타 분야	배급(유통) 실습	
13	11.23~11.29	문화콘텐츠 마케터의 세계(발표) : 1. 미디어 분야	판매 실습	

주	기 간	이론(강의, 발표)	실습(공동 프로젝트)	비 고
14	11.30~12.6	2. 라이브 분야	3. 발표 및 평가 단계 : 기말발표 Ⅰ - 마케팅 전략의 성과 분석. 전망 등	
15	12.7~12.13	3. 기타 분야	〃 Ⅱ	
16	12.14~12.20	기말고사		

▶ 성적평가

성적평가는 시험(20%), 사례발표(20%), 실습 - 중간발표, 기말발표(40%), 출석 및 수업참여도(20%) 등을 토대로 산정함.

⊙ OSMU 마케팅 전략

이 과목은 문화콘텐츠 마케팅의 핵심인 OSMU(One Source Multi Use) 부분만을 따로 특화해서 학습하기 위한 것이다. 앞에서처럼 요즘은 OSMU 시대로, 날이 갈수록 연계상품의 중요성이 부각되고 있기 때문이다. 그리하여 OSMU 마케팅 전문가를 양성하는데 주요한 목적을 두고 있다. 물론 이것은 문화콘텐츠 마케터뿐 아니라, 기획자나 스토리텔러, 제작자 등 누구나 알고 있어야 한다.

이 과목의 수업방법은 교수의 강의를 중심으로 하되, 학생들의 성공/실패 사례 분석 및 발표를 통해 OSMU 마케팅 전략에 대해 보다 구체적으로 이해하도록 한다.

이 과목을 위해 추천할 만한 교재와 참고서는 다음과 같다.

• 강효숙 외, 『만화콘텐츠와 미디어믹스』, 북코리아, 2007

• 김유리, 『문화콘텐츠 마케팅: 글로벌 마케팅 사례를 중심으로』, 한국문

화사, 2006

- 김종회, 『황순원 소나기 마을의 OSMU와 스토리텔링』, 랜덤하우스코리아, 2006
- 김형석, 『영화 콘텐츠 비즈니스』, 문지사, 2002
- 안종배, 『나비효과 콘텐츠 마케팅: 11가지 문화콘텐츠를 이용한 원소스 멀티유즈 마케팅 전략』, 미래의창, 2008
- 정창권, 『문화콘텐츠학 강의(깊이 이해하기)』, 커뮤니케이션북스, 2007
- _____, 『문화콘텐츠학 강의(쉽게 개발하기)』, 커뮤니케이션북스, 2007

이 과목의 수업내용은 크게 3단계에 걸쳐 진행된다.

먼저 1단계에선 문화콘텐츠에 대한 기초지식을 쌓는 것으로, 앞에서처럼 문화콘텐츠의 이해와 스토리텔링 일반론, 문화콘텐츠 마케팅론에 대해 차례대로 학습한다.

2단계에선 본격적으로 OSMU 마케팅 전략에 대해 살펴보기 시작한다. 즉, OSMU 마케팅의 개념과 출현배경, 특성 등을 파악한 뒤, 미국과 일본 등 주요 선진국과 한국의 동향에 대해 풍부한 사례를 토대로 자세히 살펴보는 것이다. 그 내용을 좀더 자세히 살펴보면 다음과 같다.

우선 OSMU란 하나의 제대로 된 소스(콘텐츠)를 가지고 다양하게 활용해서 고부가가치를 올리는 것을 말한다. 예를 들어 〈대장금〉의 경우, 한편의 드라마가 성공하자 거기에 삽입된 OST(배경음악)를 음반으로 출시하고, 캐릭터나 작품명을 활용하여 각종 기념품을 발매하며, 촬영지나 세트장을 관광지로 개발하였다. 또한 작품을 해외로 수출함은 물론이요, 더 나아가 드라마의 내용을 토대로 소설이나 만화, 동화 등을 발간하거나 애니메이션, 게임, 공연 등으로 제작하기도 하였다. 요즘은 이렇게 하나의 뛰어난 콘텐츠가 나오면 거기에서 끝내는 것이 아니라, 다양한 장르에 접목시켜 최대한의 이익을 얻고 있다. 바로 이러한 특성으로 인해 문화콘텐츠가 21세기 최고의 부가가치 산업으로 떠오르고 있지 않나 생각한다.

이러한 OSMU가 본격적으로 출현하게 된 배경은 디지털 시대의 도래로 문화콘텐츠의 장르간 경계가 허물어지고 매체간 이동이 자유로워지면서, 하나의 소스를 가지고 다양한 상품을 개발하여 판매할 경우 그 시너지 효과가 더욱 크다는 판단에 따른 것이다.

한데, OSMU는 소비자들도 원하는 것이기도 하다. 요즘 사람들은 어떤 작품이 재미가 있으면, 그와 관련된 상품들도 덩달아 구매하려는 경향이 있기 때문이다. 예컨대 영화 〈반지의 제왕〉이 흥행하자 사람들은 그것의 원작을 찾아 읽고자 했고, 이후 속편이나 게임, 캐릭터 상품 등도 결코 놓치지 않고 찾아서 보곤 했다.

그런 다음, 선진국의 OSMU 마케팅 동향을 여러 가지 성공사례와 함께 살펴본다.

대개 OSMU가 가장 잘 이루어지고 있는 나라는 미국인데, 그들은 거대 자본을 이용하여 처음 기획단계부터 타매체와의 연계를 설정한 다음, 이후 순차적으로 멀티유즈를 해나간다는 특징을 가지고 있다.

미국에서 OSMU의 대표적인 성공사례로는 영화 〈스타워즈〉 시리즈를 들 수 있다. 〈스타워즈〉는 영화만이 아니라 소설, 만화, 방송, 애니메이션, 게임, 음반, 캐릭터 등 다양한 분야로 연계하여 엄청난 수익을 올렸다. 특히 이들 연계상품은 영화의 단순한 재활용이 아닌 각 분야별 고유한 특성을 잘 살렸으며, 기타 배경이나 사건도 서로 일관성을 가지도록 철저히 관리되었다. 그래서 〈스타워즈〉는 미국식 OSMU의 대표적인 성공사례로 꼽힌다.

이후로 나온 할리우드 영화들은 대부분 OSMU 방식을 이용해서 만들어졌다. 특히 고예산 영화인 블록버스터 영화들에 많이 적용되었는데, 예컨대 〈해리포터〉나 〈반지의 제왕〉, 〈매트릭스〉 등이 그것이다.

〈해리포터〉는 영국의 평범한 가정주부인 조앤 K.롤링이 쓴 판타지 소설인데, 이 작품은 원작 자체로도 엄청난 성공을 이루었지만, 이후 영화나 DVD, 게임, 캐릭터 상품 등으로 다양하게 활용하여 커다란 수익을 올렸다. 〈해리포터〉의 멀티유즈화는 미국의 글로벌 미디어 그룹인 AOL 타임워너에서 추진했는데, 그들은 먼저 〈해리포터〉의 출판사를 전격 인수하여 이후의 모든 상품화 권리를 확보했다. 그러고 나서 〈해리포터〉 영화의 1편을 만드는 데도 무려 1억 3천만 달러라는 엄청난 제작비를 투자하여 그야말로 블록버스터 영화를 만들었다. 또한 그들은 책이나 영화 티켓을 판매하는 데만 그치지 않고, 최근 무시하지 못할 문화상품으로 자리잡은 DVD와 각종 캐릭터를 이용한 장난감 개발, 현대 게임산업의 양대 산맥인 비디오 게임과 컴퓨터 게임을 모두 출시했다.

〈반지의 제왕〉은 판타지 문학의 시초이자 전설이라 불리는 J.S 톨킨의 불후의 명작 『반지의 제왕』을 영화화한 것이다. 이 영화는 〈반지원정대〉, 〈두 개의 탑〉, 〈왕의 귀환〉 등 총 3편으로 이루어져 있는데, 4년이라는 제작 기간과 2억 7천만 달러라는 어마어마한 제작 비용을 들여 만들었다. 〈반지의 제왕〉도 다양한 연계상품을 내놓아 커다란 수익을 거두었다. 예컨대 DVD를 발매하여 영화의 뒤를 이를 만큼 막대한 수익을 올렸고, 비디오와 컴퓨터용 전략시뮬레이션 게임을 개발하여 큰 인기를 끌었다. 또 이 영화가 제작된 뉴질랜드는 2만여 명의 일자리 창출 효과를 얻었고, 관광 수입으로도 이 영화 속 주인공의 이름을 딴 '프로도 효과'라는 신조어가 생길 정도로 짭짤한 재미를 보았다. 나아가 영화 속 등장인물이나 소재를 활용한 각종 캐릭터 상품이 출시되었고, 그밖에 애니메이션이나 뮤지컬도 개발되어 나왔다.

또한 〈매트릭스〉는 영화가 중심이 되어 멀티유즈화된 경우인데, 2·3편의 후속작뿐 아니라 관련 서적과 게임, 애니메이션, 캐릭터 상품 등이 출시되었다.

디즈니사의 애니메이션도 역시 OSMU 방식에 의해 제작되고 있는데, 가장 성공한 작품은 아마 〈라이온 킹〉이 아닐까 한다. 이 작품은 총 20억 달러의 매출을 올렸는데, 실제 극장 상영으로 벌어들인 수익은 1억 달러에 불과하고, 나머지는 대부분 비디오와 DVD, 캐릭터 상품, 디즈니랜드 등으로 벌어들인 것이었다.

그림 4.8 애니메이션 〈라이온 킹〉
출처 : 애니메이션 〈라이온 킹〉 공식 포스터

이외에 미국 OSMU의 성공사례로 〈월드 오브 워크래프트(WOW)〉 같은 게임, 〈오페라의 유령〉 같은 공연, 〈신기한 스쿨버스〉 같은 에듀테인먼트 등도 함께 살펴볼 만하다.

마찬가지 일본도 처음 기획단계부터 OSMU를 고려하여 콘텐츠를 개발하고 있으며, 애니메이션이나 게임, 캐릭터, 음반 등 각종 문화콘텐츠 분야별 연계가 매우 활발하게 이루어지고 있다. 그런데 일본의 OSMU화 전략은 미국의 그것과 성격을 조금 달리하고 있다. 미국이 처음부터 거대 자본을 이용한 계획적 투자라면, 일본은 흥행 여부에 따른 게릴라식 투자라고 할 수 있다. 이는 무엇보다 자본이 넉넉하지 않기 때문인데, 대체로 일본은 인기 있는 콘텐츠가 출현하면 곧바로 제작사와 미디어 회사, 스폰서 기업들이 모두 참여하여 종합적으로 사업을 펼쳐나가고 있다.

주지하다시피 일본은 애니메이션으로 유명한 나라이다. 하지만 애니메이션을 언급하기 전에 먼저 만화를 얘기해야 한다. 일본에선 만화가 형이라면 애니메이션은 그 동생격인데, 만화가 조금 흥행했다 싶으면 곧장 애니메이션으로 이어진다. 대부분의 일본 애니메이션들은 이러한 과정을 거쳐서 세상에 나오곤 했다. 대표적으로 우리들에게 잘 알려진 〈은하철도 999〉도 원작 만화가 출판되어 인기를 얻자 애니메이션으로 만들어진 경우이다. 이 작품은 110화가 넘는 대작 애니메이션에다, 극장판만 해도 2개나 나왔다.

물론 애니메이션이 먼저 나오고 만화로 나온 경우도 있다. 〈건담 시리즈〉가 바로 그것인데, 이 작품은 시리즈마다 많은 화제와 마니아를 남겼고, 그래서 특히 프라모델 시장에서 독보적인 판매고를 달성하였다. 이처럼 마니아의 증가는 외전의 제작을 가능케 했고, 소설과 만화 등도 마니아들의 필수적인 소장 목록이 되었다.

〈신세기 에반게리온〉 역시 애니메이션이 먼저 나오고 만화로 나온 경우이다. 이 작품은 오타쿠 중심의 회사인 가이낙스에서 만든 기록적인 흥행작이었는데, 처음에는 시청률이 저조하여 사라질 뻔한 것을 오타쿠들의 열렬한 성원에 힘입어 재방영되었다. 그에 따라 '데스 앤 리버스', '에반게리온의 종말' 등 2개의 극장판이 나왔고, 우리 돈으로 1개에 20만원이 넘는 프라모델(조립식 장난감, plastic model)도 일부 팬들과 오타쿠들의 집중적인 구매로 인해 엄청난 수익을 올렸다.

또한 〈포켓몬스터〉처럼 게임이 먼저 나온 경우도 있다. 이 작품은 특이하게도 게임으로 개발하여 만화로 연재한 다음, 그 인지도가 확대되자 TV 애니메이션으로 제작되었다. 이후 극장판 애니메이션과 비디오, 음반, 캐릭터 등으로 계속 확장되어 커다란 성공을 거두었다.

이밖에 일본 OSMU의 성공사례로 〈꽃보다 남자〉 같은 만화, 〈파이널 판타지〉 같은 게임, 〈헬로 키티〉 같은 캐릭터 등도 자세히 분석해볼 만하다.

나아가 한국의 OSMU 마케팅 동향에 대해서도 여러 가지 성공/실패 사례를 들어 자세히 살펴본다.

우리나라의 OSMU는 여전히 주먹구구식으로 추진하고 있다고 해도 과언이 아니다. 위의 미국이나 일본처럼 처음 기획단계부터 멀티유즈를 염두하고 개발에 들어가는 것이 아니라, 일단 콘텐츠를 만들어서 세상에 내놓고 어느 정도 흥행하면 그제야 부랴부랴 관련 상품들을 만들어 내놓고 있는 실정이다. 한류 열풍의 주역이었던 드라마 〈겨울연가〉도, 일본에서 선풍적인 인기를 얻자 황급히 DVD, OST, 소설, 가이드북, 한국어 교재 등을 부가상품으로 내놓았다. 그리하여 다양한 상품을 개발해서 실질적인 이득을 얻은 것은 오히려 일본 쪽이었다고 한다.

원래 우리나라 최초의 OSMU 성공사례는 〈아기공룡 둘리〉가 아닐까 한다. 이 작품은 1983년부터 무려 11년 동안 월간만화 『보물섬』에 연재되었다. 그리고 1987년에는 TV판 애니메이션, 1994년에는 본격적인 캐릭터 라이센스 사업을, 1996년에는 극장판 애니메이션 〈얼음별 대모험〉을, 그 이후로도 다양한 교육만화나 4D 애니메이션을 개발하여 성공시키기도 하였다.

이와 함께 생각해봐야 할 작품으로 2003년에 제작된 애니메이션 〈원더풀 데이즈〉가 있다. 이 작품은 처음부터 OSMU를 계획하고 만든 작품이기 때문이다. 예컨대 출판물과 DVD, OST, 게임, 액션 피겨 등 6가지 상품을 기획하고 있었고, 수출 또한 고려하고 있었다. 하지만 원작이 실패하다 보니, 자연스레 연계상품의 개발도 좌절될 수밖에 없었다. OSMU에서 원작의 중요성을 깨닫게 해주는 대표적인 사례가 아닐까 한다.

이밖에 한국에서 OSMU의 성공사례를 찾기란 쉽지 않다. 그 이유는, 다른 무엇보다 우리나라 문화콘텐츠 산업은 업체간의 폐쇄성으로 인해 연계작업이 원활히 이루어지지 못하기 때문이다. 일본의 경우 만화가 성공을 거두면 곧장 애니메이션이나 게임, 캐릭터 업체들이 서로 유기적으로 연계하여 수익을 극대화하고 있다. 또한 미국의 경우는 애초 기획단계부터 멀티유즈화를 염두하고 아주 계획적으로 콘텐츠를 개발하고 있다. 이처럼 앞으로는 우리나라도 기획단계부터 콘텐츠를 어떻게 활용할 것인지 자세하고 깊이 있게 논의하고 들어갈 필요가 있을 듯하다. 그리고 정부도 미국이나 일본, 영국 등 문화강국처럼 모든 문화콘텐츠를 골고루 균형 있게 발전시켜야 하며, 학생들도 우선은 문화콘텐츠 전 분야를 폭넓게 이해한 뒤 차츰 자기만의 전문분야를 찾아나가야할 것이다.

끝으로 OSMU화의 방법에 대해 개괄적으로 살펴본다. OSMU는 크게 두 가지 방식으로 이루어지고 있다.

첫째, 캐릭터의 재활용으로 캐릭터의 인기에 힘입어 타 장르로 전환하는 것이다. 예컨대 미국의 경우 스파이더맨이나 슈퍼맨, 배트맨 등 각종 히어로 캐릭터를 다양한 산업으로 연계하고 있고, 일본의 반다이사는 애니메이션에서 나오는 캐릭터를 토대로 게임이나 프라모델, 출판 등을 거의 독점적으로 개발하여 판매하고 있다.

둘째, 스토리의 재활용으로 원작의 스토리를 보완 또는 확대해서 멀티유즈화하는 것이다. 예를 들어 〈해리포터〉나 〈매트릭스〉 등은 원작의 스토리를 바탕으로 후속 작품이나 게임 등을 개발하여 세상에 내놓았다.

다만 OSMU를 할 경우엔 원작과 관련 있는 분야로 해야 한다. 대표적으로 〈매트릭스〉는 앞에서처럼 애니메이션이나 게임, 캐릭터 상품 등 다양한 매체로 연계되었는데, 그것들은 영화에서 부족한 스토리나 캐릭터의 관계를 보완하는 도구로서 작용하였다. 그와 함께 멀티유즈를 할 때는 각 장르마다의 고유한 특성을 잘 살리는 것도 매우 중요하다. 게임은 게임만의 특성을, 애니메이션은 애니메이션만의 특성을 잘 살리도록 해야 하는 것이다.

　이 과목에서 학생들에게 부여할 만한 과제물로는 OSMU 마케팅 전략의 성공사례 분석, 인기 있는 원작을 토대로 각종 매체에 맞게 변형시키는 전환 연습, 더 나아가 거기서 파생될 수 있는 캐릭터 상품 및 기타 부가상품의 개발 연습 등을 들 수 있다.

　이 과목의 성적평가는 시험(30%), 발표(30%), 리포트(20%), 출석 및 수업참여도(20%) 등을 기준으로 산정하면 될 듯하다.

　마지막으로 이 과목의 강의계획서를 제시하면 다음과 같다.

〈OSMU 마케팅 전략〉 강의계획서

▶ 과목개요
이 과목은 문화콘텐츠 마케팅 중 OSMU 마케팅 전략만을 따로 특화해서 학습하는 것임. 요즘은 OSMU 시대로, 날이 갈수록 연계상품의 중요성이 부각되고 있기 때문임.
• 수업형태 : 교수의 강의, 학생들의 발표와 토론을 병행하여 진행함.

▶ 학습목표
문화콘텐츠의 OSMU 마케팅 전문가 양성

▶ 수업자료
앞의 교재와 참고서 참조

▶ 주별 학습내용

주	기 간	이론(강의)	발 표	비 고
1	9.1～9.6	강좌소개		
2	9.7～9.13	문화콘텐츠의 이해		
3	9.14～9.20	스토리텔링 일반론		
4	9.21～9.27	문화콘텐츠 마케팅론		
5	9.28～10.4	OSMU 마케팅 전략 : I. 일반론 - 개념, 출현 배경, 특성 등		

주	기 간	이론(강의)	발 표	비 고
6	10.5~10.11	II. 선진국의 동향－미국 : 1. 할리우드 영화	〈스타워즈〉, 〈해리 포터〉, 〈반지의 제 왕〉, 〈매트릭스〉	
7	10.12~10.18	2. 디즈니 애니메이션	〈라이온 킹〉 외	
8	10.19~10.25	중간고사		
9	10.26~11.1	3. 기타 게임, 공연, 에 듀테인먼트 등	〈월드 오브 워크래 프트〉, 〈오페라의 유령〉, 〈신기한 스 쿨버스〉 등	
10	11.2~11.8	일본 : 1. 애니메이션	〈은하철도 999〉, 〈건담 시리즈〉, 〈신 세기 에반게리온〉, 〈포켓몬스터〉	
11	11.9~11.15	2. 만화, 게임, 캐릭터 등	〈꽃보다 남자〉, 〈파 이널 판타지〉, 〈헬 로 키티〉 등	
12	11.16~11.22	III. 한국의 동향	〈겨울연가〉, 〈아기 공룡 둘리〉, 〈원더 플데이즈〉	
13	11.23~11.29	*OSMU화 방법 : 1. 캐릭터의 재활용	〈슈퍼맨〉, 〈스파이 더맨〉, 〈배트맨〉	
14	11.30~12.6	2. 스토리의 재활용	〈해리포터〉, 〈매트 릭스〉 등	
15	12.7~12.13	종합토론		
16	12.14~12.20	기말고사		

▶ 성적평가
- 성적평가는 시험(30%), 발표(30%), 리포트(20%), 출석 및 수업참여도(20%) 등을 토대로 산정함.
- 평가기준은 창의성과 성실성, 체계성 등임.

⚠ 문화콘텐츠 직업세계

요즘 날이 갈수록 취업 문제가 심각해지고 있지만, 우리나라 학생들은 고등학교, 더 나아가 대학교까지도 변변찮은 취업 교육을 받지 못하고 있다. 즉, 대학에서조차 체계적인 취업 교육이 미비하고, 취업 준비를 여전히 학생 개개인의 문제로 여기고 있다는 것이다. 그리하여 많은 이들이 대학 졸업 후에도 취업을 하지 못한 채 집안에만 틀어박혀, 소위 '백수'로 살아가고 있다.

필자는 요즘 학생들, 특히 문화콘텐츠학과 학생들의 취업 문제에 대해 이렇게 생각한다.

우선 이들 학생의 취업 준비는 이미 대학 1학년 때부터 시작되어야 한다고 본다. 예컨대 앞에서처럼 1학년 2학기 교과목에 〈전공 진로 지도〉 과목을 두어서, 출판과 만화, 방송, 영화, 게임, 캐릭터, 공연 등 16가지 이상의 문화콘텐츠 분야에 대해 한 주에 한 가지씩 차례대로 살펴보는 것이다. 이 수업은 '팀 티칭', 곧 교수 1인의 수업이 아니라 해당 분야의 전문가를 매번 초청하여 집중적인 특강 형식으로 이루어지고, 또 그들은 특강이 끝나더라도 지속적으로 학생들의 멘토(mentor) 역할을 할 수 있도록 하면 좋을 듯하다. 그럼 학생들은 최소한 2학년부터 자신만의 전문 분야와 전공을 결정하여, 이후 그곳의 유능한 전문가로 성장할 수 있을 것이다.

다음으로 4학년 전공과목에 〈문화콘텐츠 직업세계〉란 과목을 두어서, 각 분야별 문화콘텐츠 직업세계에 대해 체계적이면서도 구체적으로 알아보는 것이다. 취업난이 심각해진 요즘, 이러한 수업은 그야말로 필수과목이라 생각한다. 물론 이 과목은 4학년이 아닌 문화콘텐츠 직업세계에 대해 아직까지 생소한 1·2학년 교과과정에 개설하여, 문화콘텐츠에는 과연 어떠한 직업들이 있는지 미리 알고서 시작하게 할 수도 있을 것이다.

이 과목의 고찰 대상은 출판과 만화, 방송, 영화, 애니메이션, 게임, 캐릭터, 공연, 음반, 전시, 축제, 여행, 테마파크, 디지털콘텐츠, 모바일 등 모든 문화콘텐츠의 분야를 살펴보도록 한다.

또한 이 과목의 수업방법은, 먼저 교수의 강의를 통해 해당 매체의 제작과 정에 따른 직업의 종류와 개요에 대해 간략히 살펴본다. 예를 들어 영화의 경우, 사전제작 단계에선 기획자, 시나리오 작가, 감독, 연기자 등이, 제작 단계에선 촬영감독, 미술감독, 조명감독, 음향감독, 의상디자이너, 분장사, 특수분장사 등이, 후반제작 단계에선 편집기사, 홍보전문가, 마케터 등의 직업들이 존재하는 것이다. 그런 다음 학생들로 하여금 현장을 탐방하여 해당 분야의 전문가와 인터뷰한 뒤, 다음과 같은 형식의 보고서를 작성하여 발표토록 함으로써 그에 대해 보다 구체적으로 이해하도록 한다.

〈문화콘텐츠 전문가 인터뷰〉 보고서 작성법

▪ 서론	• 인물과 회사 및 직업 소개
▪ 본론	• 회사의 주요 부서와 업무
	• 해당 분야의 근무 조건과 어려움, 장래성
	• 해당 업무에 필요한 소질과 적성, 배움터
▪ 결론	• 문화콘텐츠 전문가 인터뷰를 마치고 느낀 점
	• 소감

이 과목을 위해 추천할 만한 교재와 참고서는 다음과 같다.

• 권혁종 외, 『될 수 있다(연예·가요 편)』, 청년사, 1999
• 김봉석, 『공상이상 직업의 세계』, 한겨레출판사, 2006

- 이선희, 『될 수 있다(자유직업 편)』, 청년사, 1999
- 이태균 외, 『될 수 있다(영화·애니·만화 편)』, 청년사, 1999
- 정상철, 『콘텐츠산업을 통한 일자리 창출방안 연구』, 한국문화관광연구원, 2009
- 정창권, 『문화콘텐츠 직업세계』, 북코리아, 2008

한편, 최근 들어 전통적인 제조업이나 서비스 기반의 직업들이 빠르게 사라지면서, 청년층의 취업문이 더욱 좁아지고 있다. 그래서 애초부터 창업 쪽으로 눈을 돌리는 이들이 많아지고 있다. 필자가 보기에 문화콘텐츠와 관련한 창업은 '1인 창조기업'이 가장 적합한 듯하다.

21세기 디지털 시대와 창조경제 시대가 도래하면서, 1인 창조기업이 새로운 기업 트렌드로 부각되고 있다. 1인 창조기업이란 창의적인 아이디어, 전문기술, 지식 등을 가진 개인 사업자 혹은 법인 형태의 1인 기업을 말하는데, 대표적으로 작가나 디자이너, 예술가 등의 아티스트, 배우나 가수, 스포츠 스타 등의 엔터테이너, 각종 발명가 등의 아이디어 사업가, 그밖에 서비스업 종사자, 대중교육자 등을 예로 들 수 있다. 이들은 대체로 지식기반형 기업가이고, 멀티플레이어형 전문가이며, 자기 자신을 브랜드화한다는 특징을 갖고 있다.

현재 1인 창조기업은 미국이나 독일, 일본 등에서는 점차 일반화되어가는 추세이며, 한국에서도 2009년부터 정부 차원의 육성정책을 펼치기 시작했다. 그러므로 4학년 전공과목에 〈1인 창조기업〉이란 창업 관련 과목을 개설하여 본격적으로 가르칠 필요가 있는 듯하다. 특히 1인 창조기업은 문화콘텐츠의 대표적인 창업 형태 중 하나이며, 앞으로 우리나라의 주요한 창업 방식의 하나가 될 듯하다.

끝으로 이들 가운데 대표적으로 〈문화콘텐츠 직업세계〉의 강의계획서를 제시하면 다음과 같다.

〈문화콘텐츠 직업세계〉 강의계획서

▶ 과목개요
이 과목은 날이 갈수록 심각해지고 있는 취업문제에 대하여 학생들에게 현실적인 도움을 주기 위한 것임.
• 수업형태 : 교수의 강의와 학생들의 문화콘텐츠 전문가 인터뷰 보고서를 토대로 이루어짐.

▶ 학습목표
문화콘텐츠 직업세계의 이해

▶ 수업자료
앞의 교재와 참고서 참조

▶ 주별 학습내용

주	기 간	이론(강의)	발 표	비 고
1	9.1~9.6	강좌소개		
2	9.7~9.13	출판, 만화 관련 직업세계(이하 동일)	출판, 만화 관련 전문가 인터뷰 보고서(이하 동일)	
3	9.14~9.20	방송	방송	
4	9.21~9.27	영화	영화	
5	9.28~10.4	애니메이션	애니메이션	
6	10.5~10.11	게임	게임	
7	10.12~10.18	캐릭터	캐릭터	
8	10.19~10.25	중간고사		
9	10.26~11.1	공연, 음반	공연, 음반	
10	11.2~11.8	전시, 테마파크	전시, 테마파크	
11	11.9~11.15	축제, 여행	축제, 여행	
12	11.16~11.22	디지털콘텐츠	디지털콘텐츠	

주	기 간	이론(강의)	발 표	비 고
13	11.23~11.29	모바일	모바일	
14	11.30~12.6	문화콘텐츠(통합)	문화콘텐츠(통합)	
15	12.7~12.13	종합토론		
16	12.14~12.20	기말고사		

▶ 성적평가
- 성적평가는 시험(30%), 발표(30%), 리포트(20%), 출석 및 수업참여도(20%) 등을 토대로 산정함
- 평가기준은 창의성과 성실성, 체계성 등임

ⓘ 문화콘텐츠 교육론

현재 문화콘텐츠 교육은 대학과 대학원을 중심으로 이루어지고 있다. 하지만 최근 산업구조의 변화와 세계 경제의 흐름으로 비추어보면, 앞으로는 초·중·고등학교까지 확대될 전망이다. 또 현재의 과학고등학교처럼 '문화고등학교'가 대거 생길지도 모를 일이다. 그러므로 문화콘텐츠 교육학에 대한 연구, 전문 교수나 교사 양성, 교재 개발 등이 매우 시급한 실정이다.

이 과목은 문화콘텐츠 교육학, 특히 교과교육론에 대해 체계적으로 살펴보기 위해 마련한 것이다. 그리하여 장차 문화콘텐츠 교육을 책임질 전문 인력을 양성하는데 주요한 목적을 두고 있다.

이 과목은 문화콘텐츠에 대한 지식을 어느 정도 갖춘 대학 4학년이나 대학원 과정에 개설할만하다. 그리고 수업방식은 앞에서처럼 이론과 실습의 조화를 이루도록 하면 좋을 듯하다. 매주 수업을 1·2부로 나눈 채, 1부 이론편에선 교수의 강의를, 2부 실습편에선 학생들의 프로젝트 수업을 중심으로 각각 진행하는 것이다.

이 과목을 위해 추천할만한 교재와 참고서는 다음과 같다.

- 릴리언 캐츠·실비아 차드 저, 이윤경·석춘희 역, 『유아들의 마음 사
  로잡기: 프로젝트 접근법』, 이화여자대학교 출판부, 1995
- 박기수, 문화콘텐츠 교육의 현황과 전망, 『국제어문』 37, 국제어문학회,
  2006
- 박상천, 문화콘텐츠학의 학문 영역과 연구 분야 설정에 관한 연구, 『인
  문콘텐츠』 10, 인문콘텐츠학회, 2007
- 신광철, 학부 수준에서의 문화콘텐츠학과 교과과정의 분석과 전망, 『인
  문콘텐츠』 2호, 인문콘텐츠학회, 2005
- 유승희·성용구, 『프로젝트 접근법』, 양서원, 2007
- 정창권, 문화콘텐츠학, 어떻게 연구하고 가르칠 것인가, 『동양한문학연
  구』 24, 동양한문학회, 2007
- ______, 『문화콘텐츠학 강의(쉽게 개발하기)』, 커뮤니케이션북스, 2007
- 황준욱, 『문화산업 전문인력 형성 구조와 정책 지원』, 한국노동연구원,
  2006
- 한국문화콘텐츠진흥원, 『문화콘텐츠 국내외 교육기관 현황조사』, 한국문
  화콘텐츠진흥원, 2005
- 한국직업능력개발원, 『문화콘텐츠 산업 발전을 위한 전문인력 양성 방안』,
  한국직업능력개발원, 2002

이 과목의 수업내용도 크게 1부 이론편과 2부 실습편으로 나누어 펼쳐진다.
1부 이론편은 전체적으로 이 책의 체제와 유사하다. 우선 문화콘텐츠 교육
학에 대한 선행연구사를 검토하며 연구 목적과 방법을 설정하고, 그것의 이론

적 배경으로서 문화콘텐츠와 스토리텔링에 대해 간략히 살펴본다. 또한 국내외 문화콘텐츠 교육의 동향을 커리큘럼과 함께 자세히 분석하면서, 향후 우리나라 문화콘텐츠 교육의 나아갈 방향을 모색해본다.

그런 다음 문화콘텐츠 교과교육론, 곧 문화콘텐츠 관련 교과목과 교육론에 대해 차례대로 살펴본다. 앞에서처럼 문화콘텐츠 교과목은 크게 기초와 전공과목으로 분류되고, 전공과목은 다시 기획·개발·제작·판매, 기타 등의 분야에 따라 분류된다.

끝으로 문화콘텐츠학 교육방법론의 특징, 예컨대 통합교육, 이론과 실제 및 현장의 조화, 프로젝트 수업 등에 대해 자세히 살펴보도록 한다. 나아가 문화콘텐츠 교육학에 비추어 본 한국 교육의 나아갈 길에 대해서도 최대한 모색해본다.

2부 실습편은 학생들의 공동 프로젝트를 기반으로 전개되는데, 앞의 개발형과 달리 연구형으로 진행하는 편이 좋을 듯하다. 예컨대 문화콘텐츠 교육학은 아직까지 연구사의 초기 단계이므로 〈에듀테인먼트의 이론과 실제〉처럼 새로운 문화콘텐츠 교과교육론에 대해 연구한다거나, 『문화콘텐츠 기획론』, 『설화와 스토리텔링』, 『문화콘텐츠 마케팅론』 등처럼 문화콘텐츠학 교재를 편찬하는 것 등을 예로 들 수 있다.

2부 실습편은 앞에서처럼 크게 3단계에 걸쳐 진행된다.

준비단계에서는 문화콘텐츠 교육학 관련 프로젝트에 대해 간략히 소개한다. 특히 여기서는 프로젝트에서 수행해야할 기본적인 내용들을 알려주는데, 예를 들어 〈에듀테인먼트의 이론과 실제〉란 새로운 문화콘텐츠 교과교육론을 연구할 경우, 그것의 개념과 출현배경, 유형, 시장동향 등을 파악한 후, 각 유형별 국내외 성공사례를 통해 에듀테인먼트의 개발방법에 대해 아주 구체적으로 익힐 수 있도록 한다. 또한 그와 같은 이론적 배경만이 아니라 실제로 에듀테인먼트를 기획·개발·제작·판매까지 해볼 수 있는 실습 방법에 대해서도 아주 구체적으로 연구하도록 한다. 그런 다음 창의적 발상을 통해 연구의 테마(주제, 방법)와 매체를 선정한 뒤, 그에 따른 프로젝트 팀을 구성하도록 한다.

실행단계에서는 우선 대상에 대해 충분히 이해한 후, 그것에 관한 선행연구와 관련 자료 등 자료조사에 들어간다. 그리고는 기획의도, 연구 목적과 방법, 주요 내용, 진행 일정표 등 개요작성을 해서, 각 팀별로 중간발표를 실시하도록 한다.

이후 본격적인 문화콘텐츠 교육론 연구에 들어가는데, 이론적 배경과 성공사례 분석, 실습방법 등에 대해 차근차근 연구해나가도록 한다.

발표 및 평가 단계에서는 이상의 연구결과를 토대로 최종보고서를 작성하고 PPT로 제작한 다음, 각 과제별로 유형을 분류하여 발표하도록 한다.

이 과목에서 학생들에게 부여할 만한 과제물로는 국내외 문화콘텐츠 교육의 동향 분석, 프로젝트 진행에 필요한 제반 사항들, 기타 문화콘텐츠학 분야의 명교수를 찾아가 연구와 교육 방법에 대한 인터뷰 등을 들 수 있다.

이 과목의 성적평가는 시험(30%), 리포트(20%), 실습 - 중간, 최종보고서 발표(40%), 출석 및 수업참여도(20%)를 토대로 산정하면 될 듯하다.

마지막으로 이 과목의 강의계획서를 제시하면 다음과 같다.

〈문화콘텐츠 교육론〉 강의계획서

▶ 과목개요
이 과목은 문화콘텐츠 교육학, 특히 문화콘텐츠 교과교육론에 대해 연구하기 위해 마련한 것임. 나아가 문화콘텐츠학 교재를 편찬하는 방법에 대해서도 터득할 예정임.
• 수업형태 : 이론(강의)과 실습(프로젝트)의 조화

▶ 학습목표
문화콘텐츠 교육학 관련 전문인력 양성

▶ 수업자료
앞의 교재와 참고서 참조

▶ 주별 학습내용

주	기 간	이론(강의, 발표)	실습(공동 프로젝트)	비 고
1	9.1~9.6	강좌소개		
2	9.7~9.13	선행연구사 검토	1. 준비단계 : 문화콘텐츠 교육학 관련 프로젝트 소개	
3	9.14~9.20	이론적 배경 : 문화콘텐츠, 스토리텔링의 이해	창의적 발상 - 테마(주제, 방법), 매체 선정. 팀 구성	
4	9.21~9.27	국내외 문화콘텐츠 교육 동향 : 1. 국내편	2. 실행단계 : 대상의 이해	
5	9.28~10.4	2. 국외편	자료조사(선행연구, 관련자료 수집 및 분석) I	
6	10.5~10.11	문화콘텐츠 교과교육론 : 1. 기초과목	〃 II	
7	10.12~10.18	2. 전공과목 - 기획분야	개요작성(기획의도, 연구 목적과 방법, 주요 내용, 진행 일정표)과 중간발표 I	
8	10.19~10.25	중간고사		
9	10.26~11.1	개발분야	〃 II	
10	11.2~11.8	제작분야	문화콘텐츠 교과교육론 연구 I 이론적 배경	
11	11.9~11.15	판매분야	〃 II 성공사례 분석	
12	11.16~11.22	기타 취업, 창업, 정책, 법률, 교육 문제 등	〃 III 실습방법	

주	기 간	이론(강의, 발표)	실습(공동 프로젝트)	비 고
13	11.23~11.29	문화콘텐츠 교육방법론 : 1. 통합교육	3. 발표 및 평가 단계 : 최종보고서 작성과 PPT 제작 및 프리젠테이션 Ⅰ	
14	11.30~12.6	2. 이론과 실제, 현장의 조화	〃 Ⅱ	
15	12.7~12.13	3. 프로젝트 수업	〃 Ⅲ	
16	12.14~12.20	기말고사		

▶ 성적평가
- 성적평가는 시험(20%), 리포트(20%), 실습 - 중간발표, 최종보고서 발표(40%), 출석 및 수업참여도(20%) 등을 토대로 산정함.
- 평가기준은 창의성과 성실성, 체계성 등임

ⓘ 문화콘텐츠 세미나

이 과목은 각 분야별 문화콘텐츠의 쟁점 사항들을 집중적으로 분석해봄으로써, 명실상부한 문화콘텐츠 전문가로서의 자질을 갖출 수 있도록 하기 위해 마련한 것이다.

문화콘텐츠 전문가가 되기 위해선 이론이나 실습 및 현장 경험도 중요하지만, 최근 문화콘텐츠의 핵심이나 쟁점 사항들을 체계적이고 깊이 있게 아는 것도 중요하다. 그래야만 현실을 정확하게 파악하고, 미래에 대해서도 예지력을 가질 수 있기 때문이다. 또 일반 사람들의 질문에 대해서도 정확하게 답변할 수 있을 것이다.

이 과목도 앞의 〈문화콘텐츠 교육론〉처럼 대학의 4학년이나 대학원 과정에 개설할 만하다. 그리고 수업 방법도 주로 학생들의 연구와 발표 및 토론을 통해 이루어지는 세미나 형식이 적합할 듯하다.

이 과목을 위한 교재와 참고서는 특별히 정해져 있지 않다. 대체로 문화콘텐츠의 동향이나 담당 교수의 입장에 따라 그때그때 필요한 자료들을 수집해서 강의를 진행하면 된다.

- 김영순, 『축제와 문화콘텐츠』, 다할미디어, 2006
- 김헌식, 『대중문화 심리읽기』, 울력, 2007
- 유상철 외, 『한류의 비밀』, 생각의나무, 2005
- 이윤경, 『영국의 콘텐츠 진흥체계 연구』, 한국문화관광연구원, 2007
- 임학순 외, 『디지털콘텐츠와 문화정책』, 북코리아, 2007
- 정창권, 『문화콘텐츠학 강의(깊이 이해하기)』, 커뮤니케이션북스, 2007
- ＿＿＿＿, 『문화콘텐츠학 강의(쉽게 개발하기)』, 커뮤니케이션북스, 2007
- 조용순, 『문화콘텐츠와 저작권』, 전략과문화, 2008
- 한일문화연구원, 『현대일본의 문화콘텐츠 21』, 한누리미디어, 2008
- 홍호표 외, 『대중예술과 문화전쟁』, 나남, 1995
- 홍호표, 『정보사회의 미디어산업(미국미디어시장의 역동성)』, 나남, 2000

이 과목의 강의 내용도 역시 문화콘텐츠의 동향이나 담당 교수의 입장에 따라 유동적일 수밖에 없는데, 요즘 필자는 다음과 같은 주제들을 토대로 학생들과 함께 세미나를 진행하고 있다. 아래의 주제들은 문화콘텐츠 일반론이나 각 분야별 문화콘텐츠의 동향, 정부 정책, 해외 교류 등에서 가장 핵심적인 사항들을 뽑아놓은 것이다.

1) 문화콘텐츠와 스토리텔링
2) 원소스 멀티유즈(One Source Multi Use)와 멀티소스 멀티유즈(Multi Source

Multi Use)

3) 원작 소설과 만화의 문화콘텐츠화

4) 미국 드라마(미드) 열풍과 한국 드라마

5) 사극론

6) 영화 천만관객의 비밀

7) 독립영화의 가능성

8) 〈아마겟돈〉과 〈원더풀데이즈〉, 〈왕후 심청〉의 교훈

9) '왜 한국에서도 닌텐도 게임 같은 것을 만들지 못하느냐?'고 물으신다면……

10) 미국와 일본의 캐릭터 산업

11) 최근 뮤지컬의 성행 이유

12) 전통 공연의 문제점

13) 지역축제의 난립상

14) 악플론

15) 불법복제의 근절책

16) 문화원형 디지털콘텐츠 사업

17) 한국과 미국, 유럽간 FTA 및 문화콘텐츠 산업

18) 한류의 이해

19) 한국 문화콘텐츠의 세계화 방안

20) 한국 문화콘텐츠의 비젼(vision)

　이 과목에서 학생들에게 부여할 만한 과제물로는 위의 주제들에 대한 연구 보고서와 발표, 또 그것을 수정해서 한편의 완결된 논문 형태로 제출하는 기말리포트 등을 들 수 있다.

　이 과목의 성적평가는 시험(20%), 연구보고서(40%), 기말리포트(20%), 출석 및 수업참여도(20%)를 기준으로 산정하면 될 듯하다.

　끝으로 이 과목에 대한 강의계획서를 제시하면 다음과 같다.

〈문화콘텐츠 세미나〉 강의계획서

▶ **과목개요**
이 과목은 각 분야별 문화콘텐츠의 쟁점 사항들을 집중적으로 분석해봄으로써, 명실상
부한 문화콘텐츠 전문가로서의 자질을 갖출 수 있도록 하기 위한 것임.
• 수업형태 : 주로 학생들의 연구와 발표 및 토론을 통해 이루어지는 세미나 형식임.

▶ **학습목표**
전문적인 문화콘텐츠 이론가, 비평가 양성

▶ **수업자료**
앞의 교재와 참고서 참조

▶ **주별 학습내용**

주	기 간	분 야	연구 및 발표	비 고
1	9.1～9.6	강좌소개		
2	9.7～9.13	문화콘텐츠 일반론	문화콘텐츠와 스토리텔링 원소스 멀티유즈와 멀티소스 멀티유즈	
3	9.14～9.20	출판	원작 소설과 만화의 문화콘 텐츠화	
4	9.21～9.27	방송	미드 열풍과 한국 드라마 사극론	
5	9.28～10.4	영화	영화 천만관객의 비밀 독립영화의 가능성	
6	10.5～10.11	애니메이션	〈아마겟돈〉과 〈원더풀데이 즈〉, 〈왕후 심청〉의 교훈	
7	10.12～10.18	게임	'왜 한국에서도 닌텐도 게임 같은 것을 만들지 못하느냐?' 고 물으신다면……	
8	10.19～10.25	중간고사		
9	10.26～11.1	캐릭터	미국과 일본의 캐릭터 산업	
10	11.2～11.8	공연	최근 뮤지컬의 성행 이유 전통 공연의 문제점	

주	기 간	분야	연구 및 발표	비 고
11	11.9~11.15	축제	지역축제의 난립상	
12	11.16~11.22	인터넷콘텐츠	악플론 불법복제의 근절책	
13	11.23~11.29	디지털콘텐츠	문화원형　디지털콘텐츠 사업	
14	11.30~12.6	해외교류	한국과 미국, 유럽간 FTA 및 문화콘텐츠 산업 한류의 이해 한국 문화콘텐츠의 세계화 방안	
15	12.7~12.13	전망	한국 문화콘텐츠의 비젼	
16	12.14~12.20	기말고사		

▶ **성적평가**
- 성적평가는 시험(20%), 연구보고서(40%), 기말리포트(20%), 출석 및 수업참여도(20%) 등을 토대로 산정함.
- 평가기준은 창의성과 성실성, 체계성 등임.

5장
문화콘텐츠 교육방법론

문화콘텐츠 교육의 가장 큰 특징은 통합성에 있다. 또한 문화콘텐츠는 응용학문의 일종이므로 이론과 실제, 현장의 조화를 추구하도록 해야 한다. 한편, 이젠 우리나라의 수업방식도 21세기 디지털 시대에 맞게 나름대로 변화를 모색할 필요가 있는데, 필자는 이 책에서 문답식 수업과 토론식 수업, 프로젝트 수업을 새로운 대안으로 제시하였다. 특히 프로젝트 수업은 이론의 습득뿐 아니라 사회적 적용 능력까지도 아울러 길러주는 매우 중요한 수업방식이다.

1. 통합교육

이상으로 문화콘텐츠 교과교육론, 즉 문화콘텐츠 교과목과 그것의 대략적인 교육론에 대해 살펴보왔다. 그럼 마지막으로 전체적인 문화콘텐츠 교육방법의 특성에 대해 종합적으로 정리해보기로 하자.

먼저 문화콘텐츠 교육의 가장 큰 특성은 '통합교육'을 지향한다는데 있다.

21세기 디지털 기술의 발달에 따라, 문화콘텐츠의 장르 간 파괴와 융합이 더욱 가속화되고 있다. 이러한 융복합 시대의 핵심적인 인재상은 할리우드의 영화감독 조지 루카스나 스티븐 스필버그, 일본 애니메이션의 거장 미야자키 하야오처럼 문화예술적 역량, 기술적 역량, 비즈니스적 역량 등이 조화를 이룬 '통합적 인재'라 할 수 있다. 그러므로 앞으로는 이러한 디지털 컨버전스 시대에 걸맞는 융합형 인재를 양성하도록 해야 할 것이다.

하지만 현재 우리나라의 문화콘텐츠 교육은 포괄적 안목을 갖춘 전문인을 양성하는 것이 아니라, 특정 분야에 한정된 기능인만을 양성하고 있다. 이러한 교육양상은 중·장기적으로 비전 있는 전문가를 양성하는데 실패할 가능성이 높다.

이젠 우리나라의 문화콘텐츠 교육도 장르 전반에 대한 통합교육을 실시해야 한다. 또 기획·개발·제작·판매 등에 대해서도 어느 정도 유능한, 그야말로 종합적인 전문인력 양성체계를 마련해야 할 것이다.

결국 문화콘텐츠 교육은 이와 같은 통합적인 교육 후, 차츰 자기만의 전문분야를 찾아나가는 방향으로 이루어져야 할 듯하다. 그리고 애초부터 한 가지 매체나 전공을 전문적으로 배우고 싶다면, 기존의 게임학과나 애니메이션학과, 영화학과 같은 해당분야의 전문적인 대학에 진학하도록 해야 할 것이다.

더 나아가 이젠 우리나라의 모든 교육도 문과·이과를 망라하는 통합교육을 실시하여, 학생들로 하여금 여러 가지 현상을 종합하여 전체를 볼 수 있는, '통합적 사고능력'을 배양시켜줄 필요가 있다.

요즘은 한 가지의 제품을 만들더라도 반드시 통합적 사고가 필요하다. 사물을 낱개로 쪼개어 자세히 보는 것도 중요하지만, 다양한 요소들을 통합해서 하나의 시스템으로 보려는 것이 더 중요한 것이다. 하지만 우리나라 학생들은 너무 작은 것만 보고 큰 것을 보지 못하는, 즉 통합적 사고능력이 부족하다는 지적이 계속해서 나오고 있다. 그러므로 앞으로는 우리나라의 모든 교육도 학생들로 하여금 전공분야를 초월한 통합적 사고능력을 기르도록 유도해야 할 것이다.

실제로 해외의 유명대학들은 통합교육을 실시하고 있다. 대표적으로 미국 코너티켓 주 웨슬리안대(Wesleyan University)는 학문간 협업을 강조하는 '학제간 교육'을 통해 종합적 인재를 양성하고 있다. 예컨대 〈과학과 영화〉 같은 과목을 통해 학문간 연계를 강화하고 있는 것이다.

영국의 런던 유니버스티 칼리지(University College London)도 이종 학문간 벽을 허물고 학제간 연구를 활성화하여, 실용화된 연구 성과들을 계속 내놓고 있다. 현대사회의 복잡다단한 문제들을 한 가지 학문만으론 해결할 수 없다는 인식 때문이다.

영국 아일랜드의 더블린 트리니티대(Trinity College Dublin)도 전통학문과 신학문 사이의 균형을 잡는 것이 중요하다고 여기고, 학생들로 하여금 전공과목 외에 다양한 학문을 공부할 수 있는 기회를 열어주고 있다. 예컨대 2·3학년의 경우 자신의 전공과목 외에 문학과 영상, 사회, 심리학 등을 폭넓게 수강하도록 하고 있는 것이다.

2. 이론과 실제, 현장의 조화

다음으로 문화콘텐츠 교육의 특성은 이론과 실제, 현장의 조화를 추구해야 한다는 점이다.

본디 문화콘텐츠는 응용학문의 일종이다. 그렇다고 해서 산업 현장이 요구하는 실무 위주의 교육과정이 전부라는 생각은 버려야 한다. 문화콘텐츠 교육은 단순한 기술이나 기능의 습득보다 다양한 이론적 기초들을 바탕으로 전문성을 함양하는데 일차적인 초점이 맞추어져야 한다. 즉, 대학 교육은 사회생활의 기틀을 형성해가는 과정임을 잊어서는 안 되는 것이다.

또한 그와 같은 문화콘텐츠학 이론만이 아니라, 문화나 예술에 대한 교양도 풍부하게 함양해야 한다. 문화콘텐츠의 기반은 문화, 특히 문학과 역사, 철학 등 인문학이다. 하지만 현재 우리나라의 문화콘텐츠 교과과정은 기술이나 마케팅, 행정 등이 중심을 이루고 있고, 소위 콘텐츠 개발을 위한 인문학 교육은 배제되어 있다.

그런데 해외의 유명대학들은 교양과목이나 기초학문에 많은 힘을 쏟고 있다. 예컨대 미국 오리건 주의 리드대(Reed College)에서는 1학년 때 〈그리스 로마 신화〉 같은 고전을 의무적으로 40권씩 읽도록 하고 있다. 그리고 미국 미네소타 주의 칼튼대(Carleton College)에서는 학생들이 독창성을 발휘할 수 있도록 인문학과 자연과학의 기초를 튼튼히 해주고 있는데, 2년간 6학기에 걸쳐 전공을 정하지 않고 정치나 역사, 철학 등 인문사회 과목과 수학, 물리, 화학 등 순수과학 과목을 수강하도록 하고 있다. 또 자유로운 토론과 함께 엄격한 글쓰기를 요구하고 있는데, 그래서 2학년 말이 되면 자신들이 쓴 에세이와 보고서로 포트폴리오를 만들어 3명 이상의 교수에게 심사를 받아 통과해야만 전공을 정할 수 있도록 하고 있다.

그림 5.1 미국 칼튼대 전경
출처 : 칼튼대 홈페이지

현재 우리나라 문화콘텐츠 산업에서 가장 필요한 것은 창의적 사고능력의 소유자이다. 단순한 기능인보다 창조적 발상, 스토리텔링 능력을 두루 갖춘 전문적인 인재를 요구하고 있는 것이다. 그러므로 대학 시절엔 다른 무엇보다 창의력이나 기획력, 문화예술적 감각, 비판적 사고 같은 기초적이고 인문학적인 자질을 배양하는 것이 다른 무엇보다 중요하다. 또한 기업 쪽에서도 처음엔 특정 분야에 국한된 제한적인 능력보다 포괄적인 능력을 보고 인재를 채용할 필요가 있다. 즉, 어떤 주제를 준 다음 기획과 개발, 제작, 판매 등 포괄적인 능력을 보고 채용하는 것이다.

그와 함께 문화콘텐츠 교육의 특징은 이론과 실제의 조화, 곧 실습도 매우 중요하다는 점이다. 문화콘텐츠 교육에선 이론을 철저히 익힌 뒤에는, 그것을 토대로 산업 현장과 같은 상황에서 직접 적용해보는 실습을 자주 해보아야 한다. 앞에서 언급한 해외 문화콘텐츠 교육기관들도 이론을 중시하긴 하지만, 풍부한 실습 위주의 수업을 통해 현장에 밀착된 인재를 육성하고 있다.

나아가 문화콘텐츠 교육의 특징은 현장성의 강화, 곧 산업 현장에서 필요로 하는 전문 인력을 양성한다는 데에 있다. 문화콘텐츠 교육에서 현장성을 강화하기 위한 방법은 여러 가지가 있다.

첫째, 프로젝트, 특히 산학협력 프로젝트 수업을 활성화하는 것이다. 앞에서처럼 문화콘텐츠 교육에선 교수의 일방적인 강의식 수업보다 학생들의 공동 프로젝트를 통한 현장 중심의 수업을 자주 실시해야 한다. 또한 특정 기업과 제휴를 맺고 영화나 드라마, 애니메이션, 게임, 공연 등의 콘텐츠를 개발하는, 이른바 '산학협력 콘텐츠 개발 프로젝트 수업'을 통해 현장의 실무능력을 배양시켜줄 필요가 있다.

대개 산학협력이란 학계와 산업계가 서로 공동의 이익을 위해 협력하는 것으로, 기업측에선 새로운 아이디어 및 기술 개발이 가능하고, 또 대학측에선 현장 감각을 터득한 인력을 체계적으로 양성할 수 있다는 장점이 있다. 물론 지금까지 산학협력은 이공계를 중심으로 이루어져 왔지만, 최근 들어 콘텐츠의 중요성이 강조되면서 인문학이나 문화콘텐츠 분야에서도 산학협력에 대한 관심이 높아지고 있다.

현재 우리나라 문화콘텐츠 분야에서의 산학협력은 초보적인 수준에 불과하며, 대학과 기업 모두 신뢰가 형성되어 있지 못한 상태이다. 기업의 입장에서는 대학이 기업에 필요한 기술개발이나 기초연구를 충실히 수행하지 못한다는 부정적인 인식이 팽배해 있다. 반면에 대학의 입장에서는 기업이 지나치게 단기적인 성과 위주의 결과를 대학에 요구하거나 기업의 입장만을 주장한다고 생각하고 있다.

문화콘텐츠 산업에서 내용물인 콘텐츠의 중요성이 부각될수록 산학협력의 가능성과 필요성은 더욱 커질 수밖에 없다. 그러므로 향후 대학은 산학협력에서 아이디어 제시, 지식과 기술 및 정보 제공, 전문인력 양성 등의 역할을 수행해야 한다. 특히 대학은 아이디어와 지식 제공자 역할을 수행하면서 산학협력의 견인차 역할을 해야 할 것이다.

둘째, 문화콘텐츠 교육에서 현장성을 강화하기 위한 방안으로 인턴십 제도의 활성화를 들 수 있다.

인턴십(Internship)은 대학이 현장 실습을 위해 국내외의 각종 기업들과 파트너십을 맺고, 학생들로 하여금 실무 부서의 책임자 아래 다양한 업무를 배우게 하는 제도이다. 교육과 현장을 연결하는 가교로서, 경력 형성의 입문 과정일 뿐 아니라 장차 종사하게 될 분야에서 요구되는 행동양식과 역할, 지식, 기술 등을 습득할 수 있는 아주 중요한 제도이다. 또 학생들은 현장 실습을 했던 회사에 우선적으로 채용되는 경우도 많다.

실제로 미국의 경우, 공연예술 분야에선 인턴십이 가장 효과적인 초기의 구직 경로로 자리잡아 가고 있다. 마찬가지로 한국도 예술경영, 박물관학 등 문화예술 관련 학과에서는 인턴십을 정규 교과목으로 개설하는 경우가 점점 늘어나고 있다.

원래 우리나라 문화예술계에서 인턴십을 제도적으로 지원하기 시작한 것은 2005년 이후 한국문화예술위원회가 주관하여 복권기금으로 〈청년인턴사원채용지원사업〉을 시행하면서부터이다. 이 사업은 채용기관을 심사하여 인턴의 인건비를 지원하는 형태로 운영되고 있으며, 문화예술계의 인력 부족과 청년 실업의 해소 문제에 일정 부분 기여하고 있다.

대개 인턴십의 운영과정은 기획단계 → 시행단계 → 평가 및 환류 단계로 구성된다. 기획단계는 인턴십의 목적을 설정하고 구체적으로 계획을 수립하는 것이다. 시행단계는 인턴이 기관에 채용되고 실제 근무를 수행하는 과정이다. 평가 및 환류 단계는 인턴십이 종료된 후 인턴과 인턴십에 대한 평가를 실시하고, 다시 학교로 돌려보내는 것이다.

인턴십의 업무는, 예를 들어 공연기획의 경우 프로젝트의 개발단계에서는 각종 자료조사와 문서작성을, 공연의 진행과정에서는 각종 현장업무를 수행하는 것이다.

셋째, 학교기업을 설립하여 현장의 실무 경험을 쌓게 하는 것도 좋은 방법이다. 학교기업이란 학교에서 기술을 개발한 뒤, 관련 기업 등 민간의 투자를 통해 회사를 설립하는 것이다. 이를 위해 대학은 기술을 시행하는데 필요한 경영, 회계, 법률 서비스는 물론, 나아가 해외 마케팅까지 지원하고 있다. 즉, 창업을 위한 도우미 역할을 하는 것이다.

실제로 최근 중국은 대학 내의 교수와 학생들이 기술을 개발하고, 이를 상품화하기 위해 설립한 교판기업(敎辦企業)이 널리 유행하고 있다. 이런 기업의 최대 장점은 대학에서 이룩한 연구성과가 산업 현장에 직접 적용된다는 점이다. 예를 들어 중국 칭화대학(淸華大學)의 경우, 2001년 교판기업으로 올린 수익이 전체 예산개발비의 73%를 충당했다고 한다. 또한 영국 코벤트리 워릭대(The University of Warick)의 경우, 국내·외 40여 개의 기업과 파트너십을

그림 5.2 영국 워릭대 전경
출처 : 워릭대 공식 홈페이지

맺고 연구와 교육을 함께 하는데, 특히 이 대학의 영문과 교수와 학생들은 희곡을 써서 관련 회사나 단체에 제공하고, 나중에 학생들과 함께 가서 공연을 관람하고 있다고 한다.

현재 우리나라도 일부 대학들에서 우유나 빵, 차, 화장품 등을 개발하여 판매하고 있지만, 앞으로는 영화나 방송, 공연 등의 콘텐츠 같은 무형의 상품도 개발하여 판매하면 좋을 듯하다. 특히 프로젝트 수업을 통해 얻은 결과물을 조금 더 다듬어서 학교기업의 이름을 달고 판매한다면, 학생들의 능력도 입증되고 학교의 인지도도 높이는 '일석이조'의 효과를 얻을 수 있을 것이다.

3. 새로운 수업모델―문답식 · 토론식 수업

한편, 이젠 우리나라의 수업방식도 21세기 디지털 시대에 맞게 나름대로 변화를 모색할 필요가 있는 듯하다.

과거 우리나라의 수업은 교수의 독무대라고 해도 과언이 아니었다. 교수가 강단에 서서 일방적으로 설명하고, 학생들은 그 앞에 앉아 조용히 경청하는 게 전부였던 것이다. 이처럼 우리나라 학생들은 교수가 가르치는 대로만 배워 왔기 때문인지, 1 다음에는 2, 2 다음에는 3이 나온다는 식의 틀에 박힌 사고방식에 사로잡혀 있다. 한마디로 융통성과 창의성이 부족하다는 것이다.

하지만 요즘처럼 지식기반 사회에선 그렇게 공식을 달달 암기하듯 해서 시험을 잘 봐봤자 아무런 소용이 없다. 그것보다는 정보와 지식을 응용하는 능력, 여러 가지 지식을 조합해서 새로운 지식을 창출하는 능력, 어떤 정보가 필요한지 분별하고 판단하는 능력이 훨씬 중요한 것이다.

그렇다면 선진국의 수업방법은 과연 어떠할까?

먼저, 요즘 세계 최고의 교수들이 사용하는 수업방법 중 하나로 '문답식 수업'이란 것이 있다. 강의의 중간중간에 질문을 던져 학생들로 하여금 생각할 수 있는 기회를 주는 것이다. 물론 학생들의 질문도 중요한데, 그러한 질문하는 능력이 곧 이해력과 창의력의 판단 척도이기 때문이다. 이러한 문답식 수업은 학생들에게 생각하는 힘을 더욱 키워줄 수 있을 듯하다.

또한 그들은 서로 의견을 주고받으며 대화하듯이 진행해나가는 '토론식 수업'을 실시하고 있다. 이제 교수의 일방적인 강의식 수업은 점점 사라져가고 있다. 설령 강의식 수업을 하더라도 학생들의 발표와 토론을 곁들여서, 모든 이가 함께 참여하는 인터랙티브(interactive) 수업을 진행하고 있다. 예를 들어 어떤 학생이 탄소의 대체 에너지에 관한 자신만의 아이디어를 제시하고, 그에 대해 모든 학생들이 함께 토론해보는 것이다. 토론식 수업은 교수가 가르치는 수업이 아니라, 학생들이 스스로 배우는 수업이라 할 수 있다.

4. 프로젝트 수업

더 나아가 요즘 선진국의 교육 패러다임은 프로젝트 수업으로 나아가고 있다. 이것도 역시 토론식 수업처럼 학생들에게 물고기를 직접 잡아주는 것이 아니라, 물고기 잡는 방법을 가르쳐주는 교육이라 할 수 있다.

프로젝트 수업은 우리들에겐 아직까지도 낯선 대상이다. 지금까지는 이론 수업과 현장 체험의 통합이 강조되는 공과대에서 주로 이루어져왔고, 인문학이나 예술학 분야에선 시도된 바가 별로 없었다. 그러므로 먼저 프로젝트 수업의 개념과 중요성, 특성, 역사, 현황, 의의, 방법 등에 대해 자세히 살펴볼 필요가 있을 듯하다.

앞에서처럼 21세기 디지털 시대의 도래는 사회 · 문화적 변화뿐만 아니라, 교육적으로도 많은 변화를 요구하고 있다. 과거 우리는 교수가 지식을 체계적으로 정리해서 학생들에게 전달하면, 학생들은 그것을 토대로 새로운 지식을 창출할 수 있을 것이라고 믿었다. 그러나 학기가 끝나고 나면 학생들은 수업시간에 수차례 반복해서 강조했던 내용조차도 거의 기억하지 못하고 있음을 발견하게 되었다. 그래서 이에 대한 대안으로 새롭게 떠오르고 있는 것이 바로 '프로젝트 수업'이다.

프로젝트 수업이란 '한 명 또는 그 이상의 학생들이 어떤 주제에 대해 깊이 있게 탐구하고 표현하는 활동'을 말한다. 그리하여 학습자로 하여금 주변의 세상을 좀더 잘 이해할 수 있도록 하는데 주요한 목표를 두고 있다.

프로젝트 수업의 특징은, 먼저 학생들이 수업의 전 과정에 주도적으로 참여할 수 있다는 점이다. 이 수업에선 학생들이 의사결정권을 행사할 수 있으며, 또한 그 결과에 대한 책임도 져야 한다.

다음으로 탐구활동과 표현활동을 동시에 할 수 있다는 점이다. 여기서 탐구활동이란 문헌이나 사례 수집, 실험, 면담 등 다양한 조사활동을 말하고, 표현활동이란 언어나 숫자, 소리, 그림, 입체 등을 통해 문집이나 그림책, 구성물, 멀티미디어 등을 만든 뒤, 이를 여러 사람들에게 보여주는 것을 말한다.

기존의 수업에선 일정한 체계가 있고, 주로 이론을 학습하는데 주요한 목적을 두고 있었다. 이에 비해 프로젝트 수업에선 이론뿐만 아니라 사회적 적용 능력까지도 기르도록 요구하고 있다. 수업 방법에 있어서도 기존의 수업은 교수의 일방적인 강의를 위주로 하는데 반해, 프로젝트 수업에선 학생들이 주제에 맞는 자료를 조사하고, 각종 실험을 진행하며, 전문가와 면담하는 등 스스로 학습법을 추구하고 있다.

보통 프로젝트 수업은 1920년대 듀이(Dewey)와 킬패트릭(Kilpatrick)에서 그 유래를 찾고 있다. 당시 프로젝트 수업은 학생들의 흥미와 호기심을 자극할 뿐 아니라, 특히 통합교육을 통해 학생들의 균형적 인격형성에 도움을 준다고 평가되었다. 이후 1989년 미국의 캐츠(Katz)와 차드(Chard)가 지난 20년 간 이루어진 프로젝트 수업과 관련된 많은 연구 성과들을 검토하여 재조직함으로써, 다시금 크게 각광받게 되었다. 현재 프로젝트 수업은 미국이나 캐나다 등의 교육현장에서 활발히 적용되어 그 사례들이 계속 보고되고 있다.

우리나라의 경우도 1990년대 중반 캐츠와 차드의 저서가 번역, 소개되면서 프로젝트 수업에 대한 관심이 높아졌다. 우리나라에서는 지금까지 유치원을 중심으로 전개되어 왔고, 열린교육의 붐에 따라 초등학교에서도 점점 관심이 높아지고 있다.

이제 프로젝트 수업은 선진국의 경우, 초등학교에서 중·고등학교, 대학교에 이르기까지 광범위하게 실시되고 있다. 우선 미국의 초등학교에서는 아이들이 관심을 가질 만한 새나 곰, 거미 등의 주제에 대해 1~2개월 동안 깊이 있게 탐구하고 표현하는 프로젝트 수업을 진행하고 있다. 예를 들어 '펭귄 프로젝트'의 경우라면, 먼저 펭귄의 생태에 대해 자세히 배우고 탐구해나간다. 펭귄의 겉모습과 행동, 먹이, 종류 등이 그것이다. 또 펭귄의 먹이를 학습하는 과정에서는 먹이사슬의 개념도 배우게 되고, 펭귄이 어디에 사는지를 배우면서는 자연스럽게 남극의 위치와 모양, 기후, 지리적 특성까지 함께 익히게 된다. 그런 다음 펭귄에 대한 다양한 표현활동을 해나가는데, 펭귄을 주제로 시를 짓고 글을 쓰며, 펭귄에 관한 노래와 춤도 배운다. 또한 찰흙으로 펭귄을 만들어 예쁘게 색칠하기도 한다.

이처럼 그들은 특정 주제를 토대로 생물, 지리, 문학, 미술, 음악, 무용 등 여러 과목을 동시에 배우는 통합교육을 실시하고 있다. 그렇기 때문에 우리나라처럼 조각조각 과목별로 배우는 단절된 학습보다 훨씬 쉽게 배우고 오랫동안 기억에 남게 되는 것이다.

마찬가지로 미국의 중학교에서도 프로젝트 수업을 선호하고 있다. 예를 들어 과학 분야의 수업이라면, 식물이나 동물, 지구과학, 물상, 엔지니어링 등에서 실험 주제를 선정하고 독특한 가설을 수립한 다음, 각종 실험을 통해 관찰과 느낀 점을 기록한다. 그리고 나중에는 이러한 실험 결과를 글과 그림(그래프), 사진 등으로 나타내어 전시 형태로 꾸민 뒤, 유명한 과학 경진대회에 출품하기도 한다.

나아가 이젠 대학 수업도 프로젝트 형식으로 진행하고 있다. 예컨대 미국 메사츠세츠 주에 있는 프랭클린 W 올린공대(Franklin W. Olin College of Engineering)의 경우, 기존의 공대에서는 먼저 이론을 가르치고 차츰 적용 방법을 가르치지만, 이 대학에서는 아예 신입생부터 프로젝트 중심의 수업을 실시하고 있다. 예컨대, 1학년 때부터 곧바로 레이저와 기계를 작동해서 제품을 설계하고 직접 만들어보는 것이다. 그리고 4학년이 되면 모든 학생들은 4~5명 단위로 팀을 이루어 모토로라, 노텔 등 세계 유수의 기업과 함께 신제품을 개발하는 프로젝트에 참여하고 있다. 또한 이 대학은 학부 과정이지만 벌써 소비자 중심의 제품을 개발할 것을 강조하고 있다. 아무리 뛰어난 제품을 개발했다 하더라도 소비자들이 좋아하지 않으면 성공할 수 없기 때문이다.

독일 바이마르 시의 바우하우스대(Bauhaus-Universitat Weimar)의 경우도, 각 학부마다 팜플렛 디자인, 첨

그림 5.3 독일 바우하우스대 전경
출처 : 『작지만 강한 대학』(동아일보사, 2006)

단 손목시계 디자인 등 20여 개에 이르는 프로젝트가 있어 학생들이 자발적으로 참여하고 있다. 또한 학생들은 이론과 실제가 결합된 탄탄한 프로젝트 수업을 바탕으로 각종 공모전에 참가하기도 한다.

그밖에 미국 하버드대(Havard Iniversity)의 경우도, 학부생의 65%가 연구 프로젝트에 직접 참여해 결국 연구 논문을 쓸 수 있게 하는 프로젝트 수업을 운영하고 있다. MIT(Massachusetts Institute of Technology)도 역시 학생들이 교수의 연구 프로젝트에 직접 참여하여 학점을 따거나 심지어 급여를 받을 수 있도록 하는, 일종의 참여형 프로젝트 교육시스템을 운영하고 있다.

이상과 같은 프로젝트 수업의 의의와 효과를 보다 체계적으로 제시하면 다음과 같다.

첫째, 프로젝트 수업은 학생들의 흥미나 관심에 부합할 뿐 아니라, 탐구활동과 표현활동 및 그 결과물의 발표를 통해 학생들에게 만족감과 성취감을 안겨줄 수 있다.

둘째, 프로젝트 수업은 협동심과 커뮤니케이션 능력을 길러준다. 프로젝트 수업은 개별적으로 이루어지기도 하지만, 대개 소집단이나 학급 전체의 단위로 이루어지는 경우가 많다. 이러한 집단학습의 과정은 학생들에게 협동심을 길러주며, 의사결정 과정에서는 남의 이야기를 경청하고 자신의 의견을 논리정연하게 펼치기 위한 노력이 필요하여 결국 커뮤니케이션 능력도 향상시킬 수 있다.

셋째, 문제해결 능력을 키워준다. 프로젝트 수업의 과제는 대개 실제 사회에서 일어나는 현상이나 문제, 쟁점 등을 대상으로 하는 경우가 많으며, 부모와 지역사회의 협조가 매우 중요한 부분을 차지한다는 점에서, 학교 교육과 실제 사회와의 관련성을 인식할 기회가 많아지게 된다.

넷째, 탐구와 표현 능력을 동시에 길러준다. 앞에서처럼 프로젝트 수업은 조사와 실험, 면담 등 다양한 방법을 통해 사회와 현상에 대해 조사해야 하므로 탐구하는 방법이나 기술, 태도 등을 길러줄 수 있다. 그리고 언어와 숫자, 소리, 그림, 입체 등 다양한 표현양식을 사용하여 책이나 구성물, 멀티미디어 등으로 표현해야 하므로 인간의 모든 능력을 골고루 균형 있게 발달시킬 수 있다.

끝으로 우리는 프로젝트 수업의 한계도 분명히 인식할 필요가 있는데, 예를 들어 수학이나 물리 등 기초과학 분야에서는 이를 적용하기가 쉽지 않다는 점, 학생들의 지식과 기능을 확장시키기보다는 반복적 활동이 되기 쉽다는 점, 프로젝트 활동의 결과를 객관적으로 평가하기가 어렵다는 점 등이 그것이다.

5. 일반적인 프로젝트 수업방법론

프로젝트 수업 방법은 매우 다양할 뿐 아니라, 교육 여건이나 상황에 따라서도 얼마든지 달라질 수 있다. 그러므로 여기에서는 일반적인 프로젝트 수업 방법에 대해서만 간략히 살펴보기로 하자.

대개 프로젝트 수업은 앞에서 계속 보아왔듯이 준비단계—실행단계—발표 및 평가 단계 등 크게 3단계에 걸쳐 전개된다.

준비단계에서는, 먼저 프로젝트 수업의 취지나 목적, 방법 등에 대해 간략히 설명한 뒤, 주제를 설정하고 그에 대한 예비 주제망을 구성한다. 예비 주제망이란 본격적인 자료수집에 들어가기 전에 학생들이 그 주제에 대해 얼마나 알고 있는지 조사하는 것으로, 주제에 대한 각종의 생각이나 아이디어를 정리하여 일종의 '그물망'과 같은 도표 형식으로 나타내는 것을 말한다. 예컨대 '도토리'를 주제로 한 프로젝트 수업의 경우, '도토리'하면 떠오르는 생각들,

즉 도토리 줍는 모습, 도토리를 먹는 동물, 도토리로 만든 음식 등을 총망라하여 이를 유형별로 묶어서 도표로 나타내는 것이다.

그리고 나서 각 유형별로 팀(모둠)을 구성하는데, 팀의 규모는 주제나 학생 수에 따라 달라질 수 있으나, 일반적으로 3~5명이 한 팀을 이루도록 한다. 그리고 각 팀마다 대표자를 두어 리더 역할을 하도록 하고, 서기(書記)를 두어 프로젝트 활동일지를 기록하도록 한다. 나머지 팀원들도 저마다 역할을 분담하여 갈등을 미연에 방지하도록 한다.

그와 함께 앞으로 표현할 매체에 대해 이해하는데, 예를 들어 연극의 경우라면 그것의 개념이나 과정 등을 교수의 강의 혹은 학생들의 발표를 통해 살펴보고, 더 나아가 여건이 허락된다면 전문가를 초청하여 연극에 대한 특강을 듣도록 한다. 또 특별히 시간을 내서 해당 주제와 관련된 연극을 직접 관람하도록 한다.

실행단계는 다시 탐구활동과 표현활동으로 나뉘어 진행된다. 탐구활동에선 자료조사부터 실시하는데, 각 팀별로 소주제에 대한 자료 수집과 분석을 해나간다. 자료조사는 먼저 가까운 사람과의 대화나 실물을 찾아본 다음, 도서나 인터넷, 멀티미디어 등을 조사토록 한다. 또 현장 견학(체험)도 실시한 뒤, 현장 체험 보고서, 곧 장소와 일시, 팀원, 동기, 내용, 알게 된 점, 느낀 점 등을 기록해서 제출하도록 한다.

표현활동에선, 먼저 이상의 자료조사를 토대로 콘텐츠 개발을 위한 개요, 즉 시놉시스를 짜도록 한다. 앞에서처럼 시놉시스는 기획의도, 캐릭터와 스토리라인, OSMU화 방안, 진행일정표 등의 형식으로 짜면 된다. 그런 다음 각 팀별로 중간발표를 하도록 한다.

이후 본격적인 표현활동에 들어가는데, 위에서처럼 언어와 숫자, 소리, 그림, 입체 등 다양한 표현양식을 사용하여 책이나 구성물, 연극, 멀티미디어 등을 만들어간다. 예를 들어 연극의 경우라면, 연극 스토리텔링을 하고, 공연 연습과 실제 공연을 해보는 것이다. 대개 연극 스토리텔링은 ① 극의 줄거리를 잡고, ② 기승전결에 따라 장면을 구성하며, ③ 등장인물의 성격, 직업, 특색 등을 설정한 다음, ④ 가급적 일상어를 구사하며 대사 쓰기를 하면 된다. 그러고 나서 배역을 맡아 연기 연습을 하고, 무대 장치와 선전 포스터 등도 제작해보도록 한다.

발표 및 평가 단계에서는 여러 사람들 앞에서 작품 발표회를 갖거나, 지금까지 수행해온 프로젝트를 토대로 최종 보고서를 작성하고 PPT로 제작한 다음 발표와 토론을 해보는 것이다. 또한 프로젝트 수업 과정에서 재미있었던 일, 부족했던 일, 새로운 프로젝트에 대한 제안 등 평가를 해보기도 한다.

끝으로 프로젝트 수업에서 교수의 역할은 대단히 중요한데, 그는 각 팀들이 프로젝트를 성공적으로 완수할 수 있도록 여러 가지 조언이나 격려를 아끼지 말아야 할 것이다.

또한 프로젝트 수업의 평가방법은 앞에서처럼 창의성과 성실성, 체계성, 실현가능성 등을 토대로 산정하면 된다.

6장
에필로그

이젠 우리의 교육도 21세기 사회가 무엇을 원하는가를 파악하고, 거기에 적합한 핵심 인재를 육성하도록 해야 할 것이다.

현재 세계는 제조업이나 단순 서비스업 시대를 지나 문화예술의 시대로 빠르게 재편되고 있다. 즉, 눈에 보이는 유형(有形)의 산업시대에서, 눈에 보이지 않는 무형(無形)의 산업 시대로 나아가고 있는 것이다. 특히 문화예술의 결정체라 할 수 있는 문화콘텐츠의 중요성이 날이 갈수록 부각되고 있다.

1. 한국 교육, 패러다임을 바꾸어야

나는 우리나라가 세계에서 가장 아름다운 나라가 되기를 원한다. 가장 부강한 나라가 되기를 원하는 것은 아니다. 내가 남의 침략에 가슴 아팠으니, 내 나라가 남을 침략하는 것은 원치 아니한다. 우리의 부력(富力)은 우리의 생활을 풍족히 할 만하고, 우리의 강력(強力)은 남의 침략을 막을 만하면 족하다. 오직 한없이 가지고 싶은 것은 높은 문화(文化)의 힘이다. 문화의 힘은 우리 자신을 행복하게 하고, 나아가서는 남에게도 행복을 주기 때문이다.

지금 인류에게 부족한 것은 무력도 아니요, 경제력도 아니다. 자연과학의 힘은 아무리 많아도 좋으나, 인류 전체로 보면 현재의 자연과학만 가지고도 편안히 살아가기에 넉넉하다. 인류가 현재에 불행한 근본 이유는, 인의가 부족하고 자비가 부족하고 사랑이 부족한 때문이다. 이 마음만 발달이 되면 현재의 물질력으로 20억이 다 편안히 살아갈 수 있을 것이다. 인류의 이 정신을 배양하는 것은 오직 문화(文化)이다.

이는 백범 김구 선생이 쓴 『백범일지』의 〈내가 원하는 나라〉에 나오는 말이다. 일제강점기와 광복 후의 어둡고 혼란한 시대상황 속에서도, 백범 김구 선생은 오직 '문화의 힘'을 강조하였다. 진정으로 나라를 강하게 하는 것은 과학이나 경제, 군사적 능력이 아닌, 바로 문화의 힘이기 때문이다. 진정으로 이 나라의 미래를 생각하는 지도자들이라면, 한번쯤 귀담아 들을 말씀이 아닌가 생각한다.

우리는 지금까지 세계 속에서 살아남기 위해선 오직 과학기술에 집중적으로 투자하여 남보다 우수한 기술력을 지녀야 한다고만 생각했다. 그래서 전국 각 도에 과학고를 만들고, 카이스트와 포항공대 등을 만들어 세계 속의 과학기술입국에 대한 열정을 불태워왔다.

그러나 현재 세계는 제조업이나 단순 서비스업 시대를 지나 문화·예술의 시대로 빠르게 재편되고 있다. 즉, 눈에 보이는 유형(有形)의 산업시대에서, 눈에 보이지 않는 무형(無形)의 산업시대로 나아가고 있는 것이다. 특히 문화·예술의 결정체라 할 수 있는 문화콘텐츠의 중요성이 날이 갈수록 부각되고 있다. 그러므로 이젠 우리의 교육도 21세기 사회가 무엇을 원하는가를 파악하고 거기에 적합한 핵심 인재를 육성하도록 해야 할 것이다.

앞에서 언급한 것처럼, 요즘 대졸 이상의 고학력 실업자가 날이 갈수록 증가하고 있다. 이젠 대학 졸업자라는 학력만 가지고는 살아갈 수 있는 시대가 지난 것이다.

그럼에도 우리나라 대학들은 디지털 시대, 특히 문화콘텐츠 시대에 걸맞는 교육 영역이나 방법을 제대로 찾지 못한 채 낡은 틀에만 사로잡혀 있다. 예를 들어 인문학 가운데 국문학과의 경우를 들어 살펴보자. 지금까지 국문학은 관성의 법칙에 의해 늘 그 자리에만 있어왔다. 특히 1960년대나 2000년대나 교육의 틀이 크게 달라지지 않고 있다. 앞의 역사학과와 마찬가지로 국문학과도 어쩌다 한 학년에 한두 명이 겨우 나올까 말까 하는 국문학 연구자를 양성하기 위해 국문학과 전체를 운영하고 있는 것이다. 그래서 2003년 학과별 취업률 순위를 내보니, 국문학과가 114개 학과에서 거의 바닥권인 99위였다고 한다.

이젠 국문학과 수업도 시대흐름에 맞게 바뀌어야 한다. 과거처럼 이론적인 지식만 가르치는 것이 아니라, 실제 현장에서의 활용능력도 함께 길러주어야 한다. 단순한 이해 차원의 수업을 넘어, 실제 현장에서 활용할 수 있는 능력도 익히도록 해야 하는 것이다. 또 이젠 국문학이라고 해서 꼭 문학작품만 접하려고 해서는 안 된다. 달라진 시대상황에 맞추어 방송이나 영화, 게임, 공연 등 다양한 장르의 문화콘텐츠와 결합하려고 해야 한다. 그러면서 우리의

그림 6.1 중국 칭화대 전경

출처 : 칭화대 공식 홈페이지

문화를 스스로 지키고, 또 세계 속으로 퍼져 나가 국익을 창출할 수 있도록 해야 할 것이다.

앞에서처럼 중국 칭화대가 자국 내 대학 순위의 1위를 고수하는 비결은 철저한 응용 기술과 현장 중심으로 대학을 운영하기 때문이다. 특히 칭화대는 수많은 프로젝트 운영, 산학협력, 학교기업 등을 통해 학생들에게 이론적 지식과 실무적 경험을 동시에 가르치고 있다.

일본도 역시 지속적으로 대학의 사회 공헌을 요구하고 있다. 대학이 보유한 연구 인력과 고유의 특성을 잘 활용하여 사회의 다방면에 기여하라는 것이다. 특히 기업과 연계한 산학협력으로 경제적 이익도 창출할 것을 요구하고 있다.

이젠 대학도 변하지 않고는 살아남을 수 없다. 즉, 기존의 관습을 벗고 과감히 변신해야 하는 것이다. 필자는 이것이야말로 현재 전 세계적인 경기침체에서 벗어날 수 있는 거의 유일한 방법이라 생각한다.

나아가 우리나라의 초·중·고등학교의 교육제도도 과감하게 변해야 한다. 주지하다시피 현재 우리나라의 교육제도는 과외에다 학원에다 마구 채찍질하면서 아이들을 입시지옥으로 내몰고 있다. 하지만 이런 틀에 박힌 생활 속에서 어떻게 상상력을 기를 수 있으며, 또 21세기 지식기반 사회를 살아갈 수 있겠는가? 이젠 우리나라 학생들에게도 차분히 독서하는 분위기, 경험을 중시하는 풍토를 만들어줘야 할 것이다.

특히 필자는 우리나라도 선진국처럼 프로젝트 수업을 적극적으로 도입할 것을 주장하고 싶다. 앞에서처럼 프로젝트 수업은 매번 새롭기 때문에 학생들이 늘 흥미롭게 참여할 수 있다. 또 학생들은 단지 지식을 얻는데 그치지 않고, 세상을 보는 방법, 책에서 배운 지식을 현장에 적용하는 방법 등도 덩달아 배울 수 있다. 다시 말해서 현재 우리나라 교육이 안고 있는 문제점인 창의력과 문제해결능력 부족, 학교교육과 사회현실과의 괴리를 상당 부분 해소해줄 수 있다는 것이다.

끝으로 우리나라 대학들의 학생선발 방식도 시대에 맞게 변화할 필요가 있다. 지금처럼 단순한 암기와 이해 위주의 평가 방식에만 의존하지 말고, 21세기 문화콘텐츠 시대에 맞게 기획과 스토리텔링, 리더십 등 응용 능력도 아울러 평가해서 학생들을 선발할 필요가 있다는 것이다.

강명관,『조선의 뒷골목 풍경』, 푸른역사, 2003.

강명혜,「고전문학의 문화콘텐츠화 양상 및 문화콘텐츠화를 위한 수업 모형」,『우리어문연구』
        21, 우리문학연구회, 2007.

강심호,『디지털 에듀테인먼트 스토리텔링』, 살림, 2005.

강인애,『디지털 시대의 학습 테크놀로지』, 문음사, 2006.

강정하,「프로젝트 접근법을 통한 캐릭터 제작 지도방안 연구」, 고려대학교 교육대학원 미술교
        육 전공, 2007.

강현구,『문화콘텐츠와 인문학적 상상력』, 글누림, 2005.

강효숙 외,『만화콘텐츠와 미디어믹스』, 북코리아, 2007.

고기정,「해외 선진교육기관의 문화콘텐츠 인력양성 교육과정 분석」,『인문콘텐츠』2호, 인문
        콘텐츠학회, 2005.

고은미,『문화콘텐츠와 스토리텔링』, 신아출판사, 2006.

고정민,『문화콘텐츠 경영전략』, 커뮤니케이션북스, 2007.

공병호,『1인 기업가로 홀로서기: 공병호의 독립선언』, 21세기북스, 2003.

구문모,『미디어콘텐츠의 비즈니스 원리』, 해남, 2007.

권성호 · 서윤경,『미디어 교육의 이론과 실제』, 한울아카데미, 2005.

권순긍,「지방대학 국어국문학과의 개편과 전망」,『고전문학연구』25, 한국고전문학회, 2004.

권영수,『겨울연가』, 다할미디어, 2005.

권택민,『이제는 디지털 콘텐츠 비즈니스다』, 라이트북닷컴, 2005.

권혁종 외,『될 수 있다(연예 · 가요편)』, 청년사, 1999.

김경식,『애니메이션과 스토리텔링』, 글누림, 2005.

김광옥,『영국 대중문화의 이해』, 미디어24, 2003.

김교빈,「콘텐츠 관련 고급인력 양성을 위한 대학원 교육의 현황과 문제점」,『인문콘텐츠』2호,

인문콘텐츠학회, 2005.

김구, 『백범일지』, 글방문고, 1986.

김국태, 『대중문화와 문화기획』, 글누림, 2005.

김기덕, 「전통적인 인문학 관련학과에 있어서 '콘텐츠 교과목' 보완」, 『인문콘텐츠』 2호, 인문
　　　콘텐츠학회, 2005.

_____, 『한국 전통문화와 문화콘텐츠』, 북코리아, 2007.

김기봉, 『역사들이 속삭인다: 팩션 열풍과 스토리텔링의 역사』, 프로네시스, 2009.

김기현, 「원소스 멀티유즈 OSMU 콘텐츠에 대한 연구 - OSMU 국내외 성공 사례를 중심으로」,
　　　『한국디자인포럼』 16, 한국디자인트렌드학회, 2007.

김대현 외, 『프로젝트 학습의 운영』, 학지사, 1999.

김만석, 『공연예술경영』, 북코리아, 2008.

김만수, 『문화콘텐츠 유형론』, 글누림, 2006.

김민주, 『성공하는 기업에는 스토리가 있다』, 청림출판, 2003.

_____, 『마케팅 상상력』, 리더스북, 2006.

김복수 외, 『'문화의 세기' 한국의 문화정책』, 보고사, 2003.

김봉석, 『공상이상 직업의 세계』, 한겨레출판사, 2006.

김승종, 『창의적 발상과 문화 콘텐츠 작법』, 글누림, 2006.

김열규, 『한국의 전설』, 중앙일보·동양방송, 1980.

김영순, 『인문학과 문화콘텐츠』, 다할미디어, 2006.

_____, 『축제와 문화콘텐츠』, 다할미디어, 2006.

김영아, 「문화의 힘」, 『인문콘텐츠』 6호, 인문콘텐츠학회, 2005.

김영애, 「문화콘텐츠 산업의 기획」, 『인문콘텐츠』 창간호, 인문콘텐츠학회, 2003.

김영용, 『인터랙티브 미디어의 유희성』, KT문화재단, 2006.

김영주, 『전래동화와 스토리텔링』, 한국문화사, 2009.

김영한, 『스토리로 승부하라』, 새빛에듀넷, 2008.

김용식, 『한국문화콘텐츠산업연감 2007』, 코리아데이타뱅크, 2006.

김용심, 『선생님 우리 연극해요』, 보리, 1994.

김유리, 『문화콘텐츠 마케팅: 글로벌 마케팅 사례를 중심으로』, 한국문화사, 2006.

_____, 「교과과정에서의 문화콘텐츠 마케팅」, 『인문콘텐츠』 2호, 인문콘텐츠학회, 2005.

김윤식 외, 『고등학교 문학(상)』, 디딤돌, 2003.

김윤호 외, 『모바일 콘텐츠 비즈니스로 가는 성공 로드맵』, 비비컴, 2003.

김원제 외, 『문화콘텐츠 블루오션』, 커뮤니케이션북스, 2005.

김은숙, 『몰입을 부르는 체험형 전시콘텐츠 기획』, 글누림, 2009.

김의숙, 『문학콘텐츠와 스토리텔링』, 역락, 2005.

______, 『한국신화와 스토리텔링』, 북스힐, 2008.

김종군, 『고전문학과 문화콘텐츠』, 문학과치료, 2009.

김종욱, 『소품 바이블』, 향향미디어, 2007.

김종회, 『황순원 소나기 마을의 OSMU와 스토리텔링』, 랜덤하우스코리아, 2006.

김지수, 「스토리텔링을 기반으로 한 애니메이션 스토리보드 제작에 관한 연구」, 『한국문화콘텐츠회논문지』 6, 2006.

김창수, 『디지털콘텐츠 비즈니스』, 청람, 2009.

김평수, 『문화콘텐츠 산업론』, 커뮤니케이션북스, 2007.

김탁환, 『불멸의 이순신』, 황금가지, 2004.

______, 『방각본 살인사건』 상·하, 황금가지, 2003.

김태곤 외, 『한국의 신화』, 시인사, 1988.

김헌식, 『대중문화 심리읽기』, 울력, 2007.

김현, 『지역문화와 디지털 콘텐츠』, 북코리아, 2008.

김현호, 「산학협력을 통한 주문식 애니메이션교육」, 『한국콘텐츠학회 추계종합학술대회 논문집』, 2004

김형석, 『영화 콘텐츠 비즈니스』, 문지사, 2002.

김훈, 『남한산성』, 학고재, 2007.

김훈철, 『브랜드 스토리텔링의 기술』, 멘토르, 2008.

나혜원, 『모바일 비즈니스 성공 리포트』, 길벗, 2003.

노시훈, 『할리우드 애니메이션의 스토리텔링 전략』, 심미안, 2008.

노베나 유타카 저, 신동기 역, 『콘텐츠 비즈니스란 무엇인가』, 황금가지, 2001.

데이비드 하워드 저, 심산스쿨 역, 『시나리오 마스터: 필름 스토리텔링의 건축학』, 한겨레출판사, 2007.

동아일보 특별취재팀, 『작지만 강한 대학』, 동아일보사, 2006.

로렌 포프 저, 김현대 역, 『내 인생을 바꾸는 대학: 작고 강한 미국 대학 40』, 한겨레출판사, 2008.

류수열, 『스토리텔링의 이해』, 글누림, 2007.

류완영 외, 「'교과교육론' 내용과 교수방법의 질적개선을 위한 종합적 연구」, 『교육과정연구』 15, 1993.

리처드 맥스웰 저, 전행선 역, 『5가지만 알면 나도 스토리텔링 전문가』, 지식노마드, 2008.

릴리언 캐츠·실비아 차드 저, 이윤경·석춘희 역, 『유아들의 마음 사로잡기: 프로젝트 접근법』, 이화여자대학교 출판부, 1995.

마이클 티어노 저, 김윤철 역, 『스토리텔링의 비밀』, 아우라, 2008.

『문화콘텐츠 국내외 교육기관 현황조사』, 한국문화콘텐츠진흥원, 2005.

『문화콘텐츠 산업발전을 위한 전문인력 양성방안』, 한국직업능력개발원, 2002.

『문화의 미래, 미래의 문화』, 문화관광부 정책자문위원회, 2007.

『문화예술 인턴십 운영관리 매뉴얼』, 문화관광부, 2005.

『문화콘텐츠 대학교육에서의 산학협력 방안』, 인문콘텐츠학회 2009년 춘계공동세미나 발표요지.

미디어문화교육연구회, 『문화콘텐츠학의 탄생』, 다할미디어, 2005.

박기수, 「문화콘텐츠 교육의 현황과 전망」, 『국제어문』 37, 국제어문학회, 2006.

박민정, 「프로젝트 기반 수업을 통한 대학원 학생들의 학습경험에 관한 연구」, 『교육과정연구』
        25, 한국교육과정학회, 2007.

박상천, 「문화콘텐츠학의 학문 영역과 연구 분야 설정에 관한 연구」, 『인문콘텐츠』 10, 인문
        콘텐츠학회, 2007.

박상환, 『예술과 문화콘텐츠』, 오스코월드, 2008.

박성열 외, 『친환경농업과 교육컨텐츠 개발의 실제』, 명진씨앤피, 2005.

박장순, 『문화콘텐츠학개론』, 커뮤니케이션북스, 2006.

박정수, 『문화콘텐츠산업의 2020 비전과 전략』, 산업연구원, 2007.

박진규, 『지역문화와 축제(기획과 연출)』, 글누림, 2005.

백기락, 『1인 기업 성공시대: 지식기반 1인 기업의 창업과 경영』, 크레벤지식서비스, 2009.

브라이언 아놀드 저, 이윤진 역, 『비주얼 스토리텔링』, 커뮤니케이션북스, 2007.

송정란, 『스토리텔링의 이해와 실제』, 문학아카데미, 2006.

서남표·서울대 기초교육원, 『한국 대학의 개혁을 말한다』, 서울대학교 출판부, 2008.

서동훈, 『문화콘텐츠의 이해』, 에듀컨텐츠, 2008.

서병문, 「문화콘텐츠산업은 미래경쟁력이다」, 『계간 사상』 2004. 봄.

서영아, 『당신은 스토리다』, 소담출판사, 2009.

서유경, 『고전소설교육 탐구』, 박이정, 2002.

서정오, 『우리 옛이야기 100가지』, 현암사, 1996.

설중환, 『판소리 여섯마당』, 국학자료원, 1994.

셰일라 커런 버나드 저, 양기석 역, 『다큐멘터리 스토리텔링』, 커뮤니케이션북스, 2009.

스가야 미노루 저, 정순일 역, 『동아시아의 미디어 콘텐츠 유통』, 커뮤니케이션북스, 2005.

신광철, 「학부 수준에서의 문화콘텐츠학과 교과과정의 분석과 전망」, 『인문콘텐츠』 2호, 인문
        콘텐츠학회, 2005.

______, 「학부 발전과정과 커리큘럼 모색」, 건국대학교 발표문, 미발표원고.

신동흔, 「21세기 구비문학 교육의 한 방향」, 『한국고전연구』 15, 한국고전연구학회, 2007.

신방흔, 『문화콘텐츠를 위한 시각예술과 대중문화』, 진한도서, 2001.

신병철, 『인터랙티브 마케팅』, 살림Biz, 2007.

신선희, 「디지털스토리텔링과 고전문학」, 『한국고전연구』 13, 한국고전연구학회, 2006.

신선희, 『우리 고전 다시 쓰기』, 삼영사, 2005.

심상민, 『컬처 비즈니스』, 위즈덤하우스, 2007.

심상민, 「문화콘텐츠산업 트렌드 변화 분석」, 『인문콘텐츠』 9, 인문콘텐츠학회, 2007.

심우장 외, 『설화 속 동물 인간을 말하다』, 책과함께, 2008.

아네트 시몬스 저, 김수현 역, 『스토리텔링(대화와 협상의 마이더스)』, 한언, 2001.

아라히 노리코 저, 이호영 역, 『콘텐츠 마케팅』, 시간의물레, 2009.

안경숙 · 정연희, 『프로젝트 접근법의 활용』, 다음세대, 2005.

안이영노, 「사회교육기관 실무중심 교육프로그램의 검토」, 『인문콘텐츠』 2호, 인문콘텐츠학회,
    2005.

안종배, 『나비효과 콘텐츠 마케팅: 11가지 문화콘텐츠를 이용한 원소스멀티유즈 마케팅 전략』,
    미래의창, 2008.

앤드류 글래스너 저, 김치훈 역, 『인터랙티브 스토리텔링』, 커뮤니케이션북스, 2006.

에벌린 클락 저, 서정아 역, 『기업을 변화시키는 스토리텔링의 힘 이야기 경영』, 연암사,
    2008.

오세인, 『디지털미디어 콘텐츠비즈니스』, 커뮤니케이션북스, 2005.

옥성수, 『문화콘텐츠기업 창업활성화 방안연구』, 한국문화관광연구원, 2009.

우정권, 『한국문학콘텐츠』, 청동거울, 2005.

유동환, 「문화산업 인력양성 방안연구 – 대학원 특성화 커리큘럼」, 건국대학교 발표문, 미발표
    원고.

유상철 외, 『한류의 비밀』, 생각의나무, 2005.

유승희 · 성용구 공저, 『프로젝트 접근법』, 양서원, 2007.

윤소영, 『전통놀이를 활용한 여가문화 콘텐츠 개발방안 및 정책방향』, 한국문화관광연구원,
    2008.

윤영, 「학습자 중심의 문화수업 방법 연구」, 『한국언어문화학』 3, 국제한국언어문화학회,
    2006.

윤재식 외, 『세계 방송영상 콘텐츠 유통 비즈니스』, 한국방송진흥원, 2002.

윤종선, 「문화콘텐츠로서 고전문학의 연구 현황과 전망」, 『어문학』 103, 한국어문학회, 2009.

윤희일, 『서남표 리더십과 카이스트 이노베이션』, 청림출판, 2008.

이강엽 외, 『디지털 시대의 국어과 수업모형』, 평민사, 2002.

이노쿠마 다테오 저, 최규호 역, 『일본의 콘텐츠 비즈니스』, 한울, 2008.

이만기, 『한국의 대표설화』, 빛샘, 1994.

이명천 · 김요한, 『문화콘텐츠 마케팅』, 커뮤니케이션북스, 2006.

EBS 〈최고의 교수〉 제작팀, 『최고의 교수』, 예담, 2008.

이상민 외, 『만화 콘텐츠와 스토리텔링』, 북코리아, 2008.

이상훈, 『디지털 기술과 문화콘텐츠 산업』, 진한도서, 2003.

이선희, 『될 수 있다(자유직업편)』, 청년사, 1999.

이윤경, 『영국의 콘텐츠 진흥체계 연구』, 한국문화관광연구원, 2007.

이인화, 『디지털 스토리텔링』, 황금가지, 2003.

이장우, 『스토리텔링 경영전략』, 법문사, 2009.

이찬욱, 「고전문학과 문화콘텐츠의 연계방안 연구」, 『우리문학연구』 18, 우리문학회, 2005.

이창식, 『전통문화와 문화콘텐츠』, 역락, 2008.

이태균 외, 『될 수 있다(영화·애니·만화편)』, 청년사, 1999.

이혁규, 『수업, 비평의 눈으로 읽다』, 우리교육, 2008.

이훈종, 『디지털사업에 관한 법 이야기』, 글누림, 2005.

인문콘텐츠학회, 『문화콘텐츠 입문』, 북코리아, 2006.

임영상, 「문화콘텐츠 개발과 인문학」, 『인문콘텐츠』 6호, 인문콘텐츠학회, 2005.

임은모, 『멀티미디어 콘텐츠비즈니스 세계』, 진한도서, 1998.

임학순 외, 『디지털콘텐츠와 문화정책』, 북코리아, 2007.

자넷 머레이 저, 한용환 외 역, 『인터랙티브 스토리텔링』, 안그라픽스, 2001.

장기오, 「TV드라마 각색의 사례연구」, 서강대학교 언론대학원 방송전공 석사학위논문, 2006.

전국국어교사모임 매체연구부, 『국어시간에 매체읽기』, 나라말, 2005.

전국국어교사모임, 『국어과수업사례』, 푸른나무, 1994.

정도연, 『미국 중학교와 고등학교 이야기』, 세종출판사, 2003.

정상철, 『콘텐츠산업을 통한 일자리 창출방안 연구』, 한국문화관광연구원, 2009.

정연구, 「언론학 연구의 반성과 과제」, 제4차 언론학미래위원회 워크숍 발표요지.

정창권, 『홀로 벼슬하며 그대를 생각하노라』, 사계절, 2003.

______, 『향랑, 산유화로 지다』, 풀빛, 2004.

______, 『세상에 버릴 사람은 아무도 없다』, 문학동네, 2005.

______, 『꽃으로 피기보다 새가되어 날아가리』, 푸른숲, 2006.

______, 『문화콘텐츠학 강의(깊이 이해하기)』, 커뮤니케이션북스, 2007.

______, 『문화콘텐츠학 강의(쉽게 개발하기)』, 커뮤니케이션북스, 2007.

______, 『문화콘텐츠 스토리텔링』, 북코리아, 2008.

______, 『문화콘텐츠 직업세계』, 북코리아, 2008.

______, 「문화콘텐츠학, 어떻게 연구하고 가르칠 것인가」, 『동양한문학연구』 24, 동양한문학회, 2007.

______, 「대하소설 〈완월회맹연〉을 활용한 문화콘텐츠 개발」, 『어문논집』 59, 민족어문학회, 2009.

______, 「고전을 활용한 상품 스토리텔링 연구」, 『돈암어문학』 21, 돈암어문학회, 2008.

제니퍼 밴 시즐 저, 정재형 역, 『영화영상 스토리텔링 100』, 책과길, 2009.

제임스 P. 루이스 저, 조진경 역, 『프로젝트 관리』, 크레듀, 2008.

조관연, 「영상인류학 커리큘럼의 사례분석」, 『인문콘텐츠』 2호, 인문콘텐츠학회, 2005.

______, 『시각콘텐츠 들여다보기』, 다할미디어, 2006.

조성룡 외, 「사례 분석을 통한 방송콘텐츠 OSMU의 고찰」, 『방송공학회논문지』 12, 한국방송
　　　공학회, 2007.

조용순, 『문화콘텐츠와 저작권』, 전략과문화, 2008.

조윤아, 『지역문화와 디지털 콘텐츠』, 한국학술정보, 2007.

조은하 외, 『스토리텔링』, 북스힐, 2006.

조은하, 『디지털 스토리텔링』, 북스힐, 2008.

조태남, 『문화콘텐츠와 스토리텔링』, 경남대학교 출판부, 2008.

주진오, 「한국사 전공교육의 위기와 개혁방안」, 『역사와 현실』 52, 2003.

주영, 『나는 솔직히 미국교육이 좋다』, 중앙M&B, 2000.

지옥정, 『유아교육 현장에서의 프로젝트 접근법』, 창지사, 1997.

최병규, 『문화콘텐츠 관련 기금의 현황과 법제 과제』, 한국법제연구원, 2007.

최연구, 『문화콘텐츠란 무엇인가』, 살림, 2006.

최영묵, 『미디어 콘텐츠와 저작권』, 논형, 2009.

최예정 · 김성룡, 『스토리텔링과 내러티브』, 글누림, 2005.

최운식, 『한국의 민담』, 시인사, 1987.

최지현 외, 『국어과 교수 · 학습 방법』, 역락, 2007.

최혜실, 「문학작품의 테마파크화 과정 연구」, 『어문연구』 32, 2004, 겨울.

______, 『문화산업과 스토리텔링』, 다할미디어, 2007.

______, 『문화콘텐츠, 스토리텔링을 만나다』, 삼성경제연구소, 2006.

______, 『방송통신 융합시대의 문화콘텐츠』, 나남, 2008.

______, 『테마파크의 스토리텔링』, 글누림, 2008.

캐롤린 핸들러 밀러 저, 이연숙 외 역, 『디지털미디어 스토리텔링』, 커뮤니케이션북스, 2006.

콘텐츠비즈니스연구소, 『콘텐츠 비즈니스 아는 만큼 돈이 보인다』, 조선일보사, 2000.

크리스토퍼 보글러 저, 함춘성 역, 『신화, 영웅 그리고 시나리오 쓰기』, 무수, 2005.

클라우스 포그 저, 황신웅 역, 『스토리텔링의 기술: 어떻게 만들고 적용할 것인가』, 멘토르,
　　　2008.

티앤티북스 편집부, 『콘티북(애니메이션과 비교해 보는)』, 티앤티북스, 2004.

포르셍연구소 저, 공나리 역, 『호모사피엔스에서 인터랙티브 인간으로』, 동문선, 2001.

폴 레이 저, 임정재 역, 『세상을 바꾸는 문화 창조자들』, 한스컨텐츠, 2006.

하지현, 『전래동화 속의 비밀코드』, 살림, 2005.

한국문화기술연구소, 『문학관과 문화산업』, 단국대학교출판부, 2007.

한국문화콘텐츠진흥원, 『2008 음악산업백서』, 커뮤니케이션북스, 2009.

______, 『중국 애니메이션 비즈니스』, 커뮤니케이션북스, 2007.

______, 『일본 애니메이션 산업의 역사』, 커뮤니케이션북스, 2007.

______, 『일본 애니메이션은 미국시장에서 어떻게 성공했나』, 커뮤니케이션북스, 2007.

한국문화콘텐츠진흥원 편집부, 『캐릭터산업백서 2008』, 한국문화콘텐츠진흥원, 2009.

______, 『애니메이션산업백서(2008)』, 한국문화콘텐츠진흥원, 2009.

______, 『만화산업백서(2008)』, 한국문화콘텐츠진흥원, 2009.

______, 『만화 콘텐츠 비즈니스』, 한국문화콘텐츠진흥원, 2005.

______, 『캐릭터 비즈니스』, 한국문화콘텐츠진흥원, 2004.

______, 『유럽 애니메이션 시장분석 및 진출전략 비즈니스 가이드』, 한국문화콘텐츠진흥원,
        2007.

한국법제연구원 편집부, 『지식문화콘텐츠 활성화를 위한 법적과제』, 한국법제연구원, 2007.

한국정신문화연구원, 『한국구비문학대계』(전 82권), 한국정신문화연구원, 1980~1988.

한국직업능력개발원 편집부, 『문화콘텐츠 산업 발전을 위한 전문인력 양성 방안』, 한국직업능
        력개발원, 2002.

한복진, 『한국음식문화와 콘텐츠』, 글누림, 2009.

한소진, 『설화에서 펴올린 한국 드라마』, 한국학술정보, 2005.

함복희, 『한국문학의 문화콘텐츠화 방안』, 북스힐, 2007.

한승준, 「문화산업의 산학협력 활성화 방안에 관한 연구」, 『사회과학논총』 15, 서울여자대학
        교 사회과학연구소, 2008.

한일문화연구원, 『현대일본의 문화콘텐츠21』, 한누리미디어, 2008.

한효석·박근미, 『열린수업 100가지』, 푸른나무, 2000.

허정아, 『디지털 시대의 문화콘텐츠 기획』, 연세대학교 출판부, 2006.

홍석기, 『스토리텔링을 통한 한강 역사문화 유산 회복』, 서울시정개발연구원, 2007.

홍순석, 『한국문화와 콘텐츠』, 채륜, 2009.

홍호표, 『정보사회의 미디어산업(미국미디어시장의 역동성)』, 나남, 2000.

홍호표 외, 『대중예술과 문화전쟁』, 나남, 1995.

황갑선, 『대학이 변하면 국민이 행복해진다』, 동인, 2004.

황준욱, 『문화산업 전문인력 형성 구조와 정책 지원』, 한국노동연구원, 2006.

황패강, 『설화문학연구』 상·하, 단국대학교 출판부, 1988.